10 WEGE
UM NICHT MEHR
ZU VIEL
ZU DENKEN

Schnelle, kraftvolle 10-Minuten Strategien zum Stoppen negativer Gedankenspiralen. Klären deines Geistes und Erreichen geistiger Ruhe

ERICH MILLER

ISBN: 978-3-98935-573-6
Lucid Page Media (ein Imprint der Orbita Media GmbH)
Ericusspitze 4
20457 Hamburg
Deutschland
kontakt@lucidpagemedia.de

INHALTSVERZEICHNIS

Einführung

Willkommen zu "10 Wege, das Gedankenkarussell zu stoppen" - Ihr umfassender Ratgeber, um die Herausforderung unserer Zeit zu meistern: Das Überdenken.

In einer Welt, die uns kontinuierlich mit Informationen, Reizen und Druck überhäuft, kann unser Verstand leicht zum Feind werden. Wenn Sie sich in einem Wirbel aus besorgniserregenden Gedanken gefangen fühlen und Schwierigkeiten haben, Ihr Gehirn zur Ruhe zu bringen, dann ist dieses Buch für Sie. Es soll Ihnen nicht nur dabei helfen, das Überdenken und dessen Auswirkungen auf Ihr Leben zu verstehen, sondern Ihnen auch konkrete Werkzeuge und Strategien anbieten, um es zu bewältigen. Wir werden die Natur, die Ursachen und die Auswirkungen des Überdenkens eingehend untersuchen.

Das Buch leitet Sie schrittweise durch das Verständnis des Problems. Wir beginnen mit einer Erklärung, was Überdenken wirklich bedeutet, tauchen in die psychologischen und sozialen Wurzeln des Problems ein und präsentieren schließlich bewährte Techniken und Strategien zur Bewältigung, einschließlich Achtsamkeit und kognitive Umstrukturierung. Jedes Kapitel markiert einen Meilenstein auf Ihrem Weg zu einem geistigen Gleichgewicht und ist angereichert mit praktischen Übungen, um die erworbenen Kenntnisse in die Praxis umzusetzen. Unser Ziel ist es, Ihnen zu helfen, sich Ihrer Denkmuster bewusster zu werden und die Kontrolle darüber zurückzugewinnen.

Die Reise, die Kontrolle über Ihren Verstand zu erlangen und sich vom Überdenken zu befreien, wird Herausforderungen mit sich bringen. Es wird Momente der Unsicherheit und des Zweifels geben, aber ich verspreche Ihnen, dass die Reise es wert ist. Denn am Ende steht nicht nur ein freier Geist, sondern ein Leben voller Tiefe, Erfüllung und Bedeutung.

Kapitel 1
Das Überdenken Verstehen

Überdenken ist ein Prozess, der von einer unaufhörlichen und unkontrollierbaren Flut von Gedanken charakterisiert wird, wobei Entscheidungen, Situationen und Ereignisse, egal ob aus der Vergangenheit oder der Zukunft, überanalysiert werden. Ein Beispiel: Sie müssen entscheiden, ob Sie ein neues Jobangebot annehmen. Doch anstatt die Vor- und Nachteile zu betrachten und eine Entscheidung zu treffen, finden Sie sich in einem Wirbelwind aus immer wiederkehrenden Gedanken wieder, die jedes Detail und jedes mögliche Ergebnis analysieren, einschließlich aller möglichen negativen Szenarien. Dieses übermäßige Denken geht weit über normale Sorgen hinaus und kann zu emotionaler und mentaler Lähmung führen, einem Zustand, in dem das Gehirn so mit Denken beschäftigt ist, dass es keine Energie oder Fähigkeit für andere Aktivitäten gibt. Dies kann dazu führen, dass wichtige Entscheidungen verschoben oder Situationen, die Handlungen erfordern, vermieden werden.

Die Charakteristik von übermäßigem Nachdenken ist zyklisch: Ein Gedanke führt zum nächsten, und jeder nachfolgende Gedanke wirft weitere Fragen und Bedenken auf, was den Zyklus wieder von vorne beginnt. Dies kann dazu führen, dass man die Perspektive verliert und Schwierigkeiten hat, zwischen realen und hypothetischen Problemen zu unterscheiden.

Die Merkmale des Zuviel-Denkens

1. Wiederholbarkeit

Der Geist ist in einem unendlichen Zyklus von Gedanken gefangen, der sich ständig wiederholt. Es ist vergleichbar mit einer kaputten Schallplatte, die dasselbe Lied immer wieder spielt. Dieser Zustand kann geistig ermüdend sein, die Energie erschöpfen und das Gefühl erzeugen, in einer endlosen Spirale negativer Gedanken gefangen zu sein.

2. Negativer Fokus

Die Gedanken konzentrieren sich ausschließlich auf negative Aspekte und mögliche negative Ergebnisse. Dies kann zu Katastrophismus führen, einer Tendenz, das schlimmstmögliche Szenario zu erwarten, oder zu Perfektionismus, wo alles, was weniger als perfekt ist, als totaler Misserfolg betrachtet wird.

3. Analyse-Lähmung

Diese Lähmung tritt auf, wenn die Gedanken jedes Detail überanalysieren und die Fähigkeit, Entscheidungen zu treffen oder Maßnahmen zu ergreifen, blockiert wird. Es ist ein Zustand der Informationsüberlastung, in dem es schwer wird, das "Große Ganze" zu sehen, und Entscheidungen oft verschoben werden, was zu zusätzlichem Stress und Angst führt.

4. Übertreibung

Ein Merkmal, bei dem die Bedeutung oder die Konsequenzen von Ereignissen, Entscheidungen oder Gedanken überbewertet werden. Ein kleiner Fehler kann wie eine Katastrophe erscheinen, und eine einfache Entscheidung kann unverhältnismäßig wichtig erscheinen, was den Stress und die Angst erhöht.

Wie man übermäßiges Denken erkennen kann

Die Identifizierung des Überdenkens ist entscheidend, um die Kontrolle über das eigene mentale Wohlbefinden zu erlangen. Die Folgen unkontrollierten Grübelns sind nicht zu unterschätzen. Im Folgenden sind Anzeichen und Symptome überarbeitet, um die Erkennung von Überdenken zu verbessern. Es ist wichtig, diese Anzeichen frühzeitig zu erkennen, um Gegenmaßnahmen ergreifen zu können. Die Bewusstwerdung des eigenen mentalen Zustands und das Erkennen von Überdenken sind die ersten Schritte, um die Kontrolle zurückzugewinnen und Wege zu finden, den Zyklus des übermäßigen Denkens zu durchbrechen. Durch Selbstbeobachtung und ggf. Unterstützung durch Fachleute können Betroffene Strategien entwickeln, um das Überdenken zu minimieren und ein gesundes mentales Gleichgewicht wiederherzustellen.

Wachsende Ängste

Wenn die Angst ohne klare Ursache steigt und in Alltagssituationen auftritt, die bisher keine Besorgnis ausgelöst haben, ist dies ein Hinweis auf übermäßiges Nachdenken. Physische Symptome wie Herzrasen, Schwitzen oder ein Gefühl von Unruhe können Begleiter dieser steigenden Ängste sein.

Reizbarkeit

Eine erhöhte Reizbarkeit kann ein weiteres Anzeichen für Überdenken sein. Wenn der Geist von ängstlichen und negativen Gedanken überflutet wird, können Geduld und Ruhe leiden. Eine gesteigerte Empfindlichkeit gegenüber Kritik oder kleine Alltagsrückschläge können eine übermäßige Reaktion hervorrufen.

Muskelverspannung

Ein überaktiver Geist kann auch zu physischen Symptomen führen, darunter Muskelverspannungen, besonders im Bereich von Nacken, Schultern und Rücken. Wenn solche Verspannungen auftreten, ohne dass eine klare physische Ursache erkennbar ist, kann dies ein weiteres Zeichen für Überdenken sein.

Ständige Überprüfung

Die zwanghafte Tendenz, Informationen oder Entscheidungen ständig zu überprüfen, zeugt auch von übermäßigem Denken. Dies kann sich in Verhaltensweisen äußern, wie ständiges Überprüfen von E-Mails, Telefonieren oder das wiederholte Einholen der Meinungen anderer.

Prokrastination

Das ständige Aufschieben von Entscheidungen oder Handlungen, besonders bei Aufgaben, die als unkompliziert gelten, ist ein klares Anzeichen von Überdenken. Die überwältigende Angst, Fehler zu machen, kann die Handlungsfähigkeit lähmen und zur Prokrastination führen.

Schlaflosigkeit

Wenn der Schlaf schwerfällig wird und der Geist selbst in den Nachtstunden rast, ist dies ein Alarmsignal. Die Unfähigkeit, den Geist zur Ruhe zu bringen und Schlaflosigkeit können direkte Folgen des Überdenkens sein und die allgemeine Gesundheit beeinträchtigen.

Die Ursprünge des Überdenkens

Übermäßiges Denken stellt ein komplexes Phänomen dar, unter dem eine wachsende Zahl von Menschen leidet.

Die Frage, woher dieses Denkmuster stammt, das einen beträchtlichen Einfluss auf unsere Lebensqualität hat, ist von großem Interesse. Ist es angeboren und auf biologische Faktoren zurückzuführen, oder wird es durch unsere individuellen Erfahrungen und Lebensumstände geformt? Oder besteht möglicherweise eine Verbindung zwischen beiden? Dies sind Schlüsselfragen, die einer sorgfältigen Analyse bedürfen. Das Eintauchen in die Ursachen des Überdenkens kann uns nämlich wertvolle Perspektiven eröffnen, um effektive Strategien zur Bewältigung dieses Phänomens zu entwickeln.

Lassen Sie uns also einen detaillierten Blick darauf werfen, welche Faktoren zur Tendenz des Überdenkens beitragen können.

Genetische und biologische Faktoren

Dass übermäßiges Denken in gewissem Maße eine erbliche Komponente haben kann, ist keine Seltenheit. Verschiedene wissenschaftliche Studien legen nahe, dass Individuen mit einer genetischen Prädisposition für Angststörungen oder Depressionen anfälliger für intensive und zwanghafte Gedankenschleifen sind. Neurochemische Ungleichgewichte im Gehirn spielen ebenfalls eine entscheidende Rolle bei der Entstehung wiederholter und besessener Denkmuster.

Das Gehirn, ein Organ von faszinierender Komplexität, ist tiefgreifend von seiner eigenen Neurochemie beeinflusst. Ein Ungleichgewicht von Neurotransmittern, einschließlich Serotonin, Dopamin und GABA, kann ein Katalysator für übermäßiges Denken sein. Ein Mangel an Serotonin, zum Beispiel, wird oft mit den charakteristischen Symptomen von Depression und Angst assoziiert und kann das Entstehen negativer und zwanghafter Gedankenkreisläufe begünstigen.

Stress und Ängste

Das ständige Grübeln wird häufig durch anhaltenden Stress und aufkommende Ängste getriggert oder verschärft. Diese dienen oft als Auslöser und treiben den Geist in einen endlosen Gedanken- und Sorgenstrudel. Diese endlosen Denkschleifen sind nicht nur mental erschöpfend, sondern können auch erhebliche negative Effekte auf unsere körperliche und seelische Gesundheit sowie unser allgemeines Wohlbefinden haben.

Stress ist eine angeborene Körperreaktion auf Situationen, die wir als bedrohlich oder herausfordernd wahrnehmen. In moderaten Mengen kann Stress tatsächlich förderlich sein, indem er uns antreibt, aktiv zu werden und Herausforderungen zu bewältigen. Wird Stress jedoch chronisch oder übersteigt er ein gesundes Maß, kann er kontraproduktiv wirken. Statt uns zu Aktionen zu inspirieren, kann er uns lähmen und uns in ständigen Sorgen und Gedanken festhalten. Dies ist vor allem dann der Fall, wenn wir uns mit Themen konfrontiert sehen, die außerhalb unserer Kontrolle liegen. Der Geist sucht dann kontinuierlich nach Lösungen für Probleme, die oft nicht allein durch Nachdenken gelöst werden können.

Angst andererseits kann unsere Gedankenintensität potenzieren. Sie kann dazu führen, dass wir uns ständig in Alarmbereitschaft befinden und der Verstand ständig versucht, sich auf potenzielle zukünftige Ereignisse vorzubereiten – selbst wenn die Wahrscheinlichkeit ihres Eintretens minimal ist. In Zeiten von Angst tendiert unser Verstand dazu, sich intensiv auf potenzielle negative Szenarien der Zukunft zu fixieren und oftmals das Worst-Case-Szenario zu imaginieren. Diese Tendenz zur negativen Voreingenommenheit kann den Überdenkzyklus weiter intensivieren und eine negative Feedback-Schleife erzeugen, die schwer zu durchbrechen ist.

Frühere Erlebnisse und Trauma

Die Spuren, die insbesondere traumatische Erlebnisse in unserer Psyche hinterlassen, sind oft tief und dauerhaft. Sie initiieren nicht selten Zyklen negativer Gedanken, die unser tägliches Leben beeinflussen.

Bei einem traumatischen Ereignis entwickelt unser Gehirn oft Bewältigungsmechanismen. Diese können kurzfristig von Vorteil sein, sich jedoch langfristig als schädlich erweisen. Eine Person, die zum Beispiel einen Missbrauch erlitten hat, könnte ein Muster von „übermäßiger Wachsamkeit" entwickeln, bei dem selbst in sicheren Umgebungen ständig nach Gefahren gesucht wird. Diese erhöhte Alarmbereitschaft kann leicht zu einem Muster des Überdenkens führen, bei dem der Geist obsessiv versucht, zukünftige Traumata vorherzusagen und zu vermeiden.

Aber nicht nur traumatische Erlebnisse können unsere Gedankenwelt prägen. Auch weniger intensive negative Erfahrungen, wie Misserfolge, Enttäuschungen oder Demütigungen, können unser Denken beeinträchtigen und einen Nährboden für obsessive Gedanken bieten. Ein früheres Scheitern in einer Beziehung kann beispielsweise zu zwanghaften Gedanken darüber führen, wie man zukünftige Enttäuschungen vermeiden kann. Diese Gedanken können so intensiv werden, dass sie das Individuum daran hindern, neue Beziehungen einzugehen, aus Furcht, die gleichen Fehler erneut zu machen.

Sowohl Traumata als auch weniger intensive negative Erfahrungen können zu einem Zyklus negativer Verstärkung führen. Das bedeutet, dass das durch negative Erfahrungen induzierte Überdenken zu weiteren negativen Erlebnissen und somit zu weiteren negativen Gedanken führen kann. Es entsteht ein Teufelskreis negativer Verstärkung, der oft schwierig zu durchbrechen ist und in vielen Fällen professionelle therapeutische Hilfe erfordert.

Soziale und kulturelle Konditionierung

Unsere sozialen und kulturellen Hintergründe prägen maßgeblich unser Denkverhalten. In einer Welt, die Individualität oft anhand von Kriterien wie Erfolg, Produktivität und sozialer Stellung bemisst, ist der Druck, diesen Normen zu entsprechen, omnipräsent. Diese Normen sind nicht starr, sondern vielmehr das Produkt verschiedener Faktoren, einschließlich der Kultur, in der wir leben, der Geschlechterrollen, der sozialen Schicht, zu der wir gehören, und anderer demografischer Variablen. Besonders in einigen Kulturen sind die Erfolgserwartungen für bestimmte Gruppen, etwa Männer oder Mitglieder einer spezifischen sozialen Klasse, überproportional hoch. Dieser enorm erhöhte Druck und die ständige Beurteilung können eine intensive Selbstkritik und ein übermäßiges Nachdenken fördern. Menschen finden sich in einer ständigen Bemühung wieder, unerreichbare Ideale zu erfüllen, was zu einer inneren Unruhe führt. Dieser übermäßige Selbstreflexionsprozess, der aus der ständigen Auseinandersetzung mit externen Erwartungen resultiert, kann das mentale und emotionale Wohlbefinden beeinträchtigen. Es ist ein

Kampf, der tief in der Dynamik der sozialen und kulturellen Erwartungen und Bewertungen verwurzelt ist, die unserer Gesellschaft innewohnen.

Die Auswirkungen von übermäßigem Denken auf die psychische Gesundheit

Übermäßiges Denken, obwohl es oft unterschätzt wird, kann erhebliche Auswirkungen auf die psychische Gesundheit haben, die sowohl tiefgreifend als auch anhaltend sein können. Die ständige Beschäftigung des Geistes mit negativen oder belastenden Gedanken löst eine Reaktion des Körpers aus, die mit der Freisetzung von Stresshormonen wie Cortisol einhergeht. Dies kann eine Vielzahl von Problemen auslösen, darunter nicht nur eine Zunahme von Angst, sondern auch Schlafstörungen, Magen-Darm-Probleme und ein geschwächtes Immunsystem.

Grübeln über vergangene Ereignisse oder Besorgnisse über die Zukunft kann das Selbstbild erheblich beeinträchtigen. Es fördert Gefühle der Hilflosigkeit und Verzweiflung und führt zu einem Rückgang des Selbstwertgefühls und des Selbstvertrauens. Diese Abwärtsspirale der Selbstwahrnehmung beeinträchtigt die Qualität der zwischenmenschlichen Beziehungen erheblich. Das fehlende Selbstvertrauen erschwert den Aufbau und die Pflege gesunder, unterstützender Beziehungen, was eine Isolation und Einsamkeit zur Folge haben kann.

Für diejenigen, die von übermäßigem Denken betroffen sind, wird die Welt durch eine verzerrte Linse wahrgenommen. Die Neigung, die Worte und Handlungen anderer zu überinterpretieren, ist üblich. Eine harmlose Bemerkung kann als Beleidigung empfunden werden, und kleine Alltagsprobleme können unverhältnismäßige Reaktionen hervorrufen. Diese übermäßige Sensibilität erschwert die Navigation im sozialen Umfeld und kann zu Missverständnissen und Konflikten führen.

Kapitel 2
Der Geist als Schlachtfeld

Die Tortur des Überdenkens ist oft ein Kampf, der tief im Verborgenen unseres Geistes stattfindet. Es ist ein innerer Konflikt, der das Wesen dessen, was wir sind, und das, was wir zu sein glauben, herausfordert und in Frage stellt.

Dieses Ringen innerer Dialoge und Überlegungen kann zu einer Identitätskrise führen, die uns sowohl mental als auch emotional entwurzelt.

Die Spirale des Überdenkens, getrieben von inneren Konflikten, beinhaltet oft eine unerbittliche Selbstbefragung. In diesen Augenblicken der Selbstreflexion und Unsicherheit bringen wir nicht nur unsere Fähigkeiten und Entscheidungen in Zweifel, sondern stellen auch unser Kernselbst infrage. Dies führt uns auf eine zermürbende Reise, die von Verwirrung, Selbstzweifel und einem Gefühl der Entfremdung geprägt ist.

Das Heimtückische an diesen inneren Auseinandersetzungen ist ihre Tendenz, sich als vernünftige und besonnene Reflexionen zu tarnen. Wir überzeugen uns selbst davon, dass wir alle Eventualitäten durchdenken und uns auf das Schlimmste vorbereiten müssen.

In Wirklichkeit jedoch sind dies Mechanismen der Vermeidung, Ablenkungen, die uns von der konstruktiven Auseinandersetzung mit unseren inneren Konflikten abhalten.

Um diesen zyklischen Prozess von Selbstzweifel und Überdenken zu durchbrechen, reicht es nicht aus, sich einfach auf das „positive Denken" zu verlassen oder nach flüchtigen Ablenkungen zu suchen. Es erfordert eine mutige Selbsterkundung und oft die Hilfe von außen. Ein tieferes Eintauchen in die unterliegenden psychologischen Muster und Dynamiken, die das Überdenken füttern und ermöglichen.

Der Krieg zwischen Rationalität und Emotion

Die Auseinandersetzung zwischen Rationalität und Emotion stellt ein zentrales Schlachtfeld unseres Geistes dar, ein Gelände, auf dem intensive und komplexe Kämpfe stattfinden. Diese beiden Mächte, beide fundamental und doch oft antagonistisch, formen und prägen den menschlichen Erfahrungsbereich. Sie sind in einem ewigen Tanz gefangen, wobei jede den Rhythmus und die Bewegungen der anderen beeinflusst.

Rationalität, geprägt von Logik, Analyse und kritischem Denken, fordert uns heraus, zu reflektieren und zu evaluieren. Sie verlangt von uns, jede Option zu erwägen, jedes Szenario zu analysieren, bevor wir uns in das Reich der Aktion begeben. Aber in den dunklen Tiefen des Überdenkens kann Rationalität ein zweischneidiges Schwert sein, ein Instrument der Klarheit, das zur Quelle der Paralyse wird.

Auf der gegenüberliegenden Seite des Spektrums tanzen die Emotionen, geführt von Intuition, Leidenschaft und Impuls. Sie sind die treibende Kraft, die uns veranlasst, über den logischen Rahmen hinauszugehen, den die Rationalität errichtet. Doch, wenn sie durch den Wirbelsturm des Überdenkens überstärkt oder verzerrt werden, können auch sie zu einer Belastung werden.

In der Auseinandersetzung zwischen diesen beiden entsteht ein perfekter Sturm des Überdenkens. Rationalität und Emotion, obwohl von Natur aus nicht antagonistisch, werden oft als Gegner betrachtet. In diesem Konflikt findet das Überdenken seine stärkste Resonanz, wo jede rationale Überlegung eine Flut von emotionalen Reaktionen entfacht, und jede Emotion eine Kaskade von Gedanken auslöst.

Die Lösung dieses Dilemmas liegt jedoch nicht in der Unterdrückung eines dieser Aspekte. Beide – Rationalität und Emotion – sind wesentliche Bestandteile der menschlichen Erfahrung.

Der Weg zur Harmonie führt durch Integration, nicht Isolation. Es erfordert ein Gleichgewicht, bei dem die klare, strukturierte Natur der Rationalität durch die rohe, ungebändigte Energie der Emotionen bereichert wird.

Wie zu viel Nachdenken die Angst nährt

Im komplexen Netzwerk des menschlichen Geistes sind Überdenken und Angst eng miteinander verflochten, sie bilden eine Symbiose, die sich jedoch als destruktiv erweist. Diese Verbindung gleicht weniger einer harmonischen Allianz als vielmehr einer toxischen Verbindung, die unser psychisches Wohlbefinden und unsere emotionale Stabilität untergräbt.

Überdenken manifestiert sich oft in einem beständigen inneren Monolog, einer unaufhörlichen Analyse jedes Details, einer gedanklichen Umkreisung vergangener Ereignisse und einer endlosen Projektion möglicher Zukunftsszenarien. Diese mentale Spirale bereitet unbewusst den Nährboden für Angstzustände. Die daraus resultierende Unruhe und Sorge speisen dann im Gegenzug das übermäßige Denken – ein zyklischer Prozess, der eine feste Hand und entschiedene Maßnahmen erfordert, um unterbrochen zu werden.

Nehmen wir das Beispiel einer bevorstehenden Arbeitspräsentation: Die Angst vor Versagen oder negativem Urteil kann den Geist dazu verleiten, sich in einem Strudel aus „Was-wäre-wenn"-Fragen zu verfangen. „Was, wenn ich den Faden verliere?", „Was, wenn das Publikum nicht interessiert ist?", „Was, wenn meine Präsentation ein Misserfolg wird?"

Jede dieser Fragen, getrieben von der Angst, schürt ein Feuer von weiteren übermäßigen Gedanken. Die Konfrontation mit dieser unheilvollen Allianz aus Überdenken und Angst erfordert mehr als bloße Erkenntnis ihrer Existenz.

Es bedarf einer aktiven Bemühung, einer gezielten Strategie und der Verpflichtung, die tief verwurzelten Muster zu durchbrechen, die unsere geistige und emotionale Freiheit beeinträchtigen.

Mentale Rüstung

Die mentale Rüstung beschreibt psychische Abwehrmechanismen, die wir über die Jahre formen, um uns gegen wahrgenommene oder real existierende Bedrohungen zu schützen. Diese psychologischen „Schutzschichten" können in Form von Verleugnung und Rationalisierung oder Vermeidungsverhalten wie soziale Isolation auftreten. Sie bieten zwar temporären Schutz, können jedoch langfristig unsere Selbstentwicklung und das psychische Wohlbefinden beeinträchtigen. Diese mentalen Barrieren bilden sich häufig als Antwort auf traumatische oder stressige Ereignisse und dienen dazu, emotionale Schmerzen oder Angstzustände zu minimieren. Eine Person, die eine tiefe Liebesenttäuschung erlebt hat, könnte beispielsweise eine „emotionale Mauer" errichten und zynische Ansichten über Liebe und Beziehungen entwickeln, um sich vor weiterem Schmerz zu schützen.

Eines der problematischen Elemente dieser mentalen Rüstungen ist ihre Neigung zur Automatisierung. Sie werden unbewusst aktiviert, was die Erkennung und Dekonstruktion dieser eingeprägten Verhaltensweisen erschwert. Diese unbewusste Aktivierung kann zu Konflikten in zwischenmenschlichen Beziehungen, einem Gefühl verpasster Lebenschancen und genereller Lebensunzufriedenheit führen.

Der weit verbreitete Gebrauch von Abwehrmechanismen wie Verleugnung kann auch das emotionale Bewusstsein dämpfen, wodurch die Fähigkeit, Herausforderungen effektiv zu begegnen und zu bewältigen, beeinträchtigt wird. Vermeidungstaktiken, einschließlich sozialer Isolation, können ebenfalls zu Einsamkeit und Depressionen führen.

Der Abbau mentaler Rüstungen beginnt mit dem Bewusstwerden ihrer Existenz und Auswirkungen. Dies erfordert eine tiefgreifende Introspektion und manchmal professionelle psychologische Unterstützung. Nach der Identifikation ist der nächste Schritt die kritische Untersuchung und Herausforderung dieser mentalen

Barrieren. Dieser Prozess kann herausfordernd und unangenehm sein, ist aber essenziell für die persönliche und psychische Weiterentwicklung.

Zum Beispiel: Die Erkenntnis, dass soziale Isolation eine Form des Selbstschutzes ist, kann den Weg ebnen, diese spezielle mentale Rüstung herauszufordern. Der Prozess, sich bewusst sozialen Situationen auszusetzen, obwohl sie Angst oder Verletzlichkeit hervorrufen, ist ein Schritt hin zur Überwindung der fest verankerten Abwehrmechanismen.

Kapitel 3
Der erste Schritt
Erkennen und Akzeptieren

Jede Reise zur Heilung oder Selbstentwicklung beginnt mit einem entscheidenden ersten Schritt: Die Bewusstwerdung und Anerkennung des Problems. Im Kontext von übermäßigem Denken und resultierender Angst liegt die Macht im Erkennen und Akzeptieren der Situation.

Das Erkennen fordert, dass wir uns unserer Herausforderungen bewusst werden, diese identifizieren und benennen. Obwohl dies simplifiziert erscheinen mag, verbringen viele Menschen Jahre oder gar Jahrzehnte in einem Zustand der Verleugnung oder Ignoranz. Häufig schreiben sie ihre mentale Belastung „stressigen Phasen" oder „herausfordernden Momenten" zu, anstatt das Kernproblem zu adressieren. Doch das Ignorieren oder Trivialisieren eines Problems kann den Zyklus von übermäßigem Denken und Angst nur intensivieren.

Akzeptanz ergänzt das Erkennen. Es ist mehr als das bloße Identifizieren des Problems; es ist auch das Annehmen dieses Problems ohne Urteil oder Scham. Dies impliziert nicht Resignation oder Aufgabe, sondern das mutige Annehmen der gegenwärtigen Realität, ohne sie zu leugnen oder ummodeln zu wollen. Dieser Akt der Akzeptanz kann eine Befreiung von den Fesseln des „Sollte" und „Wenn nur" sein und den Pfad für die Heilung erhellen.

Erstaunlicherweise beginnt das Problem seine Griffkraft zu verlieren, sobald es anerkannt und akzeptiert wird. Nicht weil es mystisch verschwunden ist, sondern weil der Nährboden aus Widerstand und Angst entzogen wurde. Dies öffnet Räume im Geist, ermöglicht das Entdecken von Lösungen, das Suchen nach Unterstützung und das Ergreifen konkreter Schritte zur Verbesserung unserer Lebensqualität.

Dieses Anerkennen und Akzeptieren bildet das Fundament jeder Weiterentwicklung. Ohne diesen soliden Grundstein ähneln Versuche der Veränderung einem Haus, das auf Sand gebaut ist – instabil und vorbestimmt zum Einsturz.

Selbsterkenntnis als Schlüssel zur Veränderung

Wenn Anerkennung und Akzeptanz die Initialzündung für die Reise der Bewältigung übermäßigen Denkens darstellen, dann fungiert die Selbsterkenntnis als das Navigationsinstrument, das uns von der Bewusstwerdung des Problems zur tatsächlichen Veränderung leitet. Sie ist der Katalysator, der ein oberflächliches Bewusstsein in tiefgründige Einsichten transformiert, die wiederum den Weg für wirkliche Veränderungen ebnen.

Selbsterkenntnis entfaltet sich in ihrer Multidimensionalität, indem sie verschiedene Ebenen unseres Daseins durchleuchtet, einschließlich unserer Gedanken, Emotionen, Motivationen, Wünsche und Ängste. Sie stellt eine Lupe dar, mit deren Hilfe wir unseren momentanen psychischen Zustand, aber auch die tief verwurzelten Denk- und Verhaltensmuster, die unser Dasein formen und prägen, analysieren und verstehen können.

Diese Fähigkeit zur Introspektion ist der Auslöser, der die Tür zur Veränderung aufstößt. Mit dem Verständnis der Dynamiken und Antriebe unseres Überdenkens bewaffnet, sind wir befähigt, gezielte Schritte zur Veränderung einzuleiten. Dies kann die Anwendung neuer Bewältigungsmechanismen, die Suche nach professioneller psychologischer Unterstützung oder die Transformation unseres sozialen und beruflichen Kontextes zur Minderung von Stress und Angst einschließen.

Jedoch übersteigt die Bedeutung der Selbsterkenntnis die bloße Funktion als Werkzeug zur Veränderung. Sie repräsentiert den Schlüssel zur mentalen Befreiung. Durch die Aufdeckung und Auflösung der Fesseln des Überdenkens ermöglicht Selbsterkenntnis ein Leben in erhöhter Präsenz, Klarheit und Lebensfreude. Sie bildet das robuste Fundament, auf dem ein Leben, das nicht nur von den Fesseln des übermäßigen Denkens befreit ist, sondern auch von Sinn und Ziel erfüllt ist, errichtet werden kann.

Akzeptanz ohne Urteil: Ein Pfad zur inneren Freiheit

Akzeptanz, befreit von dem Gewicht der Beurteilung, dient als Schlüssel, der die Pforten zur inneren Freiheit aufsperrt. Es ist eine sanfte Erkenntnis, dass unsere Gedanken, unabhängig von ihrer Natur, ein inhärenter Teil unseres Seins sind und nicht der kritischen Beurteilung und Verurteilung unterzogen werden müssen.

Urteile intensivieren oft die Spirale des übermäßigen Denkens. Wenn wir unsere Gedanken als „negativ", „unsinnig" oder „nicht zulässig" abstempeln, schüren wir das Feuer des endlosen Grübelns. Wir transformieren einen flüchtigen Gedanken in ein kniffliges Rätsel, das gelöst werden muss. Die Praxis der urteilsfreien Akzeptanz ist eine Ode an die Selbstliebe. Sie erschafft einen Zufluchtsort der Stille und des inneren Friedens, in dem das übermäßige Denken keine Nährboden findet.

Durch das Prisma der urteilsfreien Akzeptanz betrachtet, werden Gedanken und Emotionen zu vorüberziehenden Wolken im weiten Himmel unseres Bewusstseins. Sie sind flüchtige Besucher, keine endgültigen Definitionen unseres Daseins. In diesem klaren Raum der Besinnung erkennen wir, dass Gedanken und Gefühle aufkommen und vergehen. Sie sind vergänglich, nicht fixiert.

Diese Haltung der Akzeptanz entfaltet ihre Magie, indem sie das Gewicht übermäßigen Denkens lindert. Die Veränderung ist nicht notwendigerweise in der Natur der Gedanken selbst zu suchen, sondern in unserer Beziehung zu ihnen. Gedanken sind nicht länger Feinde, die besiegt werden müssen, sondern Botschafter, die Erkenntnisse und Lerngelegenheiten mit sich bringen. In diesem heiligen Raum der Akzeptanz wird Freiheit nicht nur ersehnt, sondern realisiert. Wir erlangen die Freiheit der Wahl zurück, die Fähigkeit, bewusst auf unsere Gedanken und Emotionen zu reagieren, statt ihnen impulsiv oder mechanisch zu erliegen.

Die Praxis des Selbstmitgefühls im Alltag

Selbstmitgefühl ist ein Schlüsselaspekt beim Umgang mit dem Übermaß an Gedanken. Es ist nicht nur eine Quelle der emotionalen Unterstützung, sondern hilft uns auch, eine balancierte Sichtweise auf uns selbst und unsere Herausforderungen zu entwickeln.

Selbstmitgefühl bedeutet, sich mit derselben Wärme, Aufmerksamkeit und Güte zu begegnen, die wir einem lieben Freund entgegenbringen würden. Statt sich selbst für übermäßiges Grübeln oder andere vermeintliche „Schwächen" hart zu kritisieren, fördert das Selbstmitgefühl die Anerkennung, dass Fehltritte und Schwierigkeiten Teil der menschlichen Erfahrung sind. Dieser liebevolle Umgang mit uns selbst hilft, Angst und Scham zu reduzieren und schafft einen sicheren Raum für Selbsterforschung und Veränderung.

Die Fähigkeit zur Selbstvergebung ist ein zentraler Aspekt des Selbstmitgefühls. Alle Menschen machen Fehler, treffen falsche Entscheidungen oder finden sich in Situationen wieder, in denen sie sich ohnmächtig fühlen. Statt in diesen „Fehlern" zu verharren, ermutigt uns das Selbstmitgefühl, diese Momente als Lernmöglichkeiten zu sehen. Selbstvergebung ist ein Akt der Stärke; sie schafft mentalen und emotionalen Raum und leitet den Prozess der Heilung und Transformation ein.

Obwohl das Konzept des Selbstmitgefühls leicht verständlich ist, kann seine Umsetzung im Alltag komplex sein, insbesondere in einer Gesellschaft, in der Selbstkritik oft als Motor der Verbesserung betrachtet wird. Ein erster Schritt in diese Richtung kann die Aufmerksamkeit für den inneren Dialog sein. Wir sind oft unsere schärfsten Kritiker, und diese Selbstkritik kann intensiviert werden, wenn wir in einem Strudel des Überdenkens gefangen sind. Indem wir einen Moment innehalten, um diese kritischen Gedanken zu erkennen und durch freundlichere, mitfühlendere Aussagen zu ersetzen, können wir unser emotionales Erleben tiefgreifend beeinflussen.

Eine wirksame Methode zur Praxis des Selbstmitgefühls sind geführte Meditationen. Bevor Sie mit der Meditation beginnen, bereiten Sie sich mental und physisch darauf vor. Wählen Sie einen Zeitpunkt, der Ihnen am besten passt, finden Sie einen ruhigen Ort und eliminieren Sie mögliche Ablenkungen. Für nachhaltige Veränderungen ist es hilfreich, täglich zur gleichen Zeit zu meditieren, um eine heilsame Routine zu entwickeln, die dauerhafte Vorteile mit sich bringt.

Geführte Meditation
zur Kultivierung von Selbstmitgefühl

Diese Meditation ist darauf zugeschnitten, die Entwicklung und Verinnerlichung von Selbstmitgefühl zu unterstützen. Bevor Sie starten, suchen Sie sich einen stillen Ort und nehmen Sie eine gemütliche Position ein, in der Sie einige Minuten verweilen können.

1. Schließen Sie Ihre Augen und nehmen Sie drei tiefe Atemzüge. Atmen Sie durch die Nase ein und durch den Mund aus. Mit jedem Atemzug lassen Sie mehr Anspannung los.

2. Lenken Sie Ihre Konzentration auf Ihren Atem. Atmen Sie natürlich und bemerken Sie das Ein- und Ausströmen der Luft sowie das Heben und Senken Ihres Brustkorbs und Bauches.

3. Richten Sie Ihre Aufmerksamkeit auf die verschiedenen Empfindungen in Ihrem Körper. Beobachten Sie Bereiche von Anspannung oder Unbehagen. Erkennen Sie diese Empfindungen an, ohne sie zu bewerten oder zu beurteilen. Sie sind schlichte körperliche Reaktionen, keine Definition Ihres Selbst.

5. Visualisieren Sie, dass Sie sich selbst Worte des Trostes und der Freundlichkeit zusenden. Denken Sie an Ausdrücke wie „Es ist in Ordnung" oder „Ich bin wertvoll."

6. Stellen Sie sich vor, wie diese wohlwollenden Worte sich in ein warmes, heilendes Licht transformieren, das sich durch Ihren Körper ausbreitet und Entspannung und Trost spendet.

7. Denken Sie nun an eine geliebte Person. Stellen Sie sich vor, Sie übertragen diesem Menschen dasselbe warme Licht und die gleichen tröstenden Worte.

8. Erweitern Sie diese Empfindung des Mitgefühls auf weitere Menschen in Ihrem Leben, Ihrer Umgebung und der ganzen Welt.

9. Kehren Sie sanft zu Ihrem Atem zurück und nehmen Sie erneut drei tiefe Atemzüge, um die Meditation zu beenden und sich zu erden.

10. Öffnen Sie langsam Ihre Augen und nehmen Sie das neu gewonnene Gefühl des Selbstmitgefühls mit in den Rest Ihres Tages.

Kapitel 4
Techniken der Achtsamkeit

Übermäßiges Denken ist ein Zustand, der uns alle bis zu einem gewissen Grad betrifft. Auf der Reise zur Überwindung dieses oft lähmenden Zustandes erweist sich die Praxis der Achtsamkeit als unerlässlich. Diese tief in spirituellen Traditionen verwurzelte Methode ist heute auch in der modernen Psychologie weit anerkannt und bildet eine Brücke zwischen der alten Weisheit und der zeitgenössischen Wissenschaft.

Achtsamkeit verkörpert die einfache, doch transformative Kraft, vollständig im gegenwärtigen Moment anzukommen. Sie lehrt uns, unsere Gedanken, Emotionen und körperlichen Empfindungen ebenso wie unsere äußere Umwelt mit einem offenen und nicht wertenden Bewusstsein wahrzunehmen.

In der Stille des Jetzt findet die unruhige Flut des übermäßigen Denkens ein Ufer. Ein Geist, der ständig in der Vergangenheit weilt oder in die Zukunft eilt, findet in der Praxis der Achtsamkeit einen Anker. Wir beginnen, unsere negativen Gedanken nicht als unverrückbare Wahrheiten, sondern als flüchtige mentale Ereignisse zu sehen.

Die Wirkung der Achtsamkeit beschränkt sich nicht nur auf das individuelle Innenleben. Sie erstreckt sich auch auf unsere Beziehungen zu anderen. Mit einem achtsamen Geist werden wir zu aufmerksamen Zuhörern, einfühlsamen Partnern und authentischen Freunden. Sie fördert ein Verständnis, das die Grundlage für tiefe und bereichernde Beziehungen bildet.

Bewusstes Atmen

Die Atmung wird oft als Kern der Achtsamkeitspraxis betrachtet. Sie ist eine der essentiellen Körperfunktionen, der wir in der Hektik des modernen Lebens jedoch nur selten die gebührende Aufmerksamkeit schenken. Achtsames Atmen lädt uns ein, innezuhalten und unseren Fokus auf diesen lebenswichtigen Prozess zu richten. Es bietet einen unmittelbaren Zugang zur Praxis der Achtsamkeit. Doch warum ist das Atmen so zentral? Und wie können wir achtsames Atmen effektiv kultivieren?

Die Atmung dient in der Achtsamkeit als wirksames Instrument, weil sie uns im gegenwärtigen Moment verankern kann. Durch die Konzentration auf den Atem werden wir unmittelbar ins "Hier und Jetzt" gezogen, was besonders in Zeiten von Stress oder emotionaler Belastung wertvoll ist. Unser Geist neigt dazu, in einem endlosen Strudel aus Gedanken und Sorgen gefangen zu sein. Durch die Fokussierung auf den Atem finden wir einen Ausweg und kehren zu einem Zustand der Ausgeglichenheit und Ruhe zurück.

Die Praxis des achtsamen Atmens ist unkompliziert, erfordert jedoch Konsequenz. Die folgenden Schritte können Ihnen dabei helfen, achtsames Atmen effektiv zu üben:

1. Finden Sie eine ruhige Umgebung ohne Ablenkungen, in der Sie sich setzen oder legen können.

2. Nehmen Sie eine Haltung ein, die Entspannung und Wachsamkeit fördert.

3. Beginnen Sie, Ihren Atem zu beobachten, ohne ihn bewusst zu verändern. Spüren Sie, wie die Luft durch Ihre Nasenlöcher strömt und wie sich Ihr Brustkorb sowie Ihr Bauch mit jedem Atemzug heben und senken.

4. Wenn Ihre Gedanken abschweifen, nehmen Sie dies wahr und lenken Sie Ihre Aufmerksamkeit sanft zurück auf den Atem.

Es ist normal, während des achtsamen Atmens auf Hindernisse zu stoßen, sei es Ungeduld, Ablenkung oder Angst. Es ist entscheidend, sich daran zu erinnern, dass dies ein natürlicher Teil des Übungsprozesses ist. Das Ziel ist nicht, diese Hindernisse zu eliminieren, sondern sie ohne Urteil zu akzeptieren und mit ihnen umzugehen.

Der Body Scan

Der Body Scan zählt zu den effektivsten und wandlungsfähigsten Techniken der Achtsamkeit. Diese Übung eröffnet uns die Möglichkeit, unseren Körper von innen zu erkunden und fördert eine tiefgehende Verbindung zu uns selbst. Die Technik beginnt gewöhnlich an den Füßen und arbeitet sich nach oben vor, wobei jeder Körperbereich bis zum Kopf beachtet wird. Während des Scans liegt der Fokus darauf, jede auftretende Empfindung - sei es Wärme, Kälte, Anspannung, Entspannung oder irgendetwas anderes - bewusst wahrzunehmen, ohne sie zu bewerten oder verändern zu wollen.

Anleitung für den Body Scan:

1. Finden Sie einen stillen Ort und nehmen Sie eine angenehme Position ein. Dies kann im Sitzen oder Liegen sein, je nachdem, wo Sie sich am wohlsten fühlen.

2. Schließen Sie Ihre Augen, und lenken Sie Ihre Aufmerksamkeit achtsam auf Ihren Körper, beginnend bei den Füßen.

3. Wandern Sie mit Ihrer Aufmerksamkeit langsam durch die verschiedenen Bereiche Ihres Körpers. Nehmen Sie jede Empfindung wahr, ohne sie zu beurteilen oder zu verändern.

4. Führen Sie Ihre Aufmerksamkeit sukzessive von den Füßen über die Beine, den Rumpf, die Arme und den Hals, bis Sie schließlich den Kopf erreichen.

5. Wenn Sie den Kopf erreichen, verweilen Sie einen Moment und betrachten Sie den Körper in seiner Gesamtheit. Spüren Sie die verbundene Einheit aller Teile, bevor Sie die Übung beenden und die Augen wieder öffnen.

Die Beobachtung der Gedanken

Die Gedankenbeobachtung gehört zu den anspruchsvolleren Techniken der Achtsamkeit.

Während Techniken wie das bewusste Atmen und der Body Scan uns dazu einladen, uns über körperliche Empfindungen mit dem gegenwärtigen Moment zu verbinden, erfordert die Gedankenbeobachtung eine intensivere Innenschau.

Stellen Sie sich Ihren Geist als einen weiten Himmel vor und Ihre Gedanken als Wolken, die darin vorüberziehen. Das Ziel ist nicht, die Wolken aufzuhalten oder zu verändern, sondern sie mit Distanz und ohne Bewertung zu beobachten.

<u>In der Praxis</u>

1. Finden Sie einen ruhigen Ort, wo Sie ungestört sind, und nehmen Sie eine entspannte, aber aufmerksame Haltung ein.

2. Schließen Sie die Augen und atmen Sie einige Male tief ein und aus, um sich im Hier und Jetzt zu verankern.

3. Richten Sie Ihre Aufmerksamkeit auf die Gedanken, die spontan in Ihrem Bewusstsein auftauchen. Versuchen Sie nicht, sie zu kontrollieren oder zu bewerten, sondern beobachten Sie sie einfach.

4. Wenn Sie einen Gedanken wahrnehmen, geben Sie ihm ein Etikett, das seine Natur beschreibt, wie „Planung", „Erinnerung" oder „Sorge", und lassen Sie den Gedanken dann weiterziehen.

5. Wenn Sie merken, dass Ihr Geist abschweift oder an einem bestimmten Gedanken haften bleibt, bringen Sie Ihre Aufmerksamkeit sanft zurück zur Beobachtung der vorüberziehenden Gedanken.

6. Öffnen Sie nach einiger Zeit die Augen wieder. Nehmen Sie die gewonnene Klarheit und das Bewusstsein mit, und integrieren Sie diese in den Rest Ihres Tages.

Achtsamkeit in Bewegung

Achtsamkeit ist nicht nur eine Praxis für stille Momente der Meditation, sondern kann ebenso in den dynamischen Ablauf unseres täglichen Lebens integriert werden.

Dieser Aspekt der Achtsamkeit, oft als "Achtsamkeit in Bewegung" bezeichnet, transformiert alltägliche Handlungen in Momente der Reflexion und des Bewusstseins.

Jede Handlung, ob scheinbar banal oder routiniert, birgt das Potential, ein Medium der Achtsamkeit zu werden, wenn sie mit vollständiger Präsenz und Bewusstheit ausgeführt wird.

Das Gehen, Essen, die tägliche Dusche oder selbst die scheinbar mundanen Aufgaben wie das Abwaschen – jede dieser Aktivitäten kann eine Plattform für die Kultivierung der Achtsamkeit sein.

Umsetzung in die Praxis

1. Wählen Sie eine alltägliche Tätigkeit, bei der Sie sich darauf konzentrieren möchten, achtsam zu sein. Dies könnte das Gehen, Gartenarbeiten oder jede andere tägliche Handlung sein.

2. Bevor Sie mit der gewählten Aktivität beginnen, verankern Sie sich im gegenwärtigen Moment. Ein paar tiefe Atemzüge oder ein Moment der Stille können hier hilfreich sein.

3. Während der Ausführung der Aktivität, richten Sie Ihre gesamte Aufmerksamkeit darauf. Beim Gehen beispielsweise, achten Sie bewusst auf das Gefühl Ihrer Füße, die den Boden berühren.

4. Integrieren Sie alle Ihre Sinne in diese Erfahrung. Beim Essen beispielsweise, bemerken Sie die Texturen, Geschmacksrichtungen und Aromen der Speisen.

5. Wenn Ihr Geist abschweift, erkennen Sie, wohin die Gedanken wandern, und führen Sie Ihre Aufmerksamkeit mit Sanftheit zurück zur ausgewählten Aktivität.

6. Nach Beendigung der Aktivität, nehmen Sie sich einen Augenblick Zeit für die Reflexion. Spüren Sie nach, welche Auswirkungen diese achtsame Handlung auf Ihre Stimmung und Ihren Bewusstseinszustand hatte.

Meditation
Der Pfad des Gewahrseins

Dieser geführte Meditationspfad ist darauf ausgerichtet, ein verstärktes Bewusstsein und eine verstärkte Präsenz in Ihrem Alltag zu fördern.

Sie benötigen keine vorherige Erfahrung – bringen Sie einfach eine aufgeschlossene und neugierige Haltung mit.

1. Wählen Sie einen stillen Ort, an dem Sie ungestört sind. Dies könnte ein ruhiges Zimmer, ein friedlicher Platz im Garten oder ein anderer Ort der Stille sein.

2. Setzen Sie sich bequem auf einen Stuhl mit den Füßen fest auf dem Boden oder auf ein Meditationskissen in einer überkreuzten Beinhaltung. Der Rücken ist aufrecht, aber entspannt; die Hände liegen locker auf den Knien.

3. Nehmen Sie sich einen Augenblick Zeit, um Ihre Absicht für diese Meditation zu setzen. Es könnte so einfach sein wie „Ich möchte präsent sein" oder „Ich strebe nach innerer Ruhe".

4. Schließen Sie Ihre Augen sanft und richten Sie Ihre Aufmerksamkeit auf Ihren Atem. Verändern Sie ihn nicht, sondern beobachten Sie einfach seinen natürlichen Fluss.

5. Spüren Sie, wie die Luft sanft durch Ihre Nasenlöcher ein- und ausströmt und wie sich Ihr Brustkorb und Bauch mit jedem Atemzug hebt und senkt.

6. Wenn Ihre Gedanken abschweifen, erkennen Sie einfach, wohin sie geführt haben, und kehren Sie liebevoll zu Ihrem Atem zurück.

7. Weiten Sie Ihr Bewusstsein aus, um die vielfältigen Empfindungen im gesamten Körper wahrzunehmen. Erkennen Sie jede Empfindung, ohne sie zu bewerten.

8. Lauschen Sie den Geräuschen um Sie herum. Nehmen Sie Düfte wahr. Erleben Sie jede Sinneswahrnehmung mit Akzeptanz, ohne Urteil.

9. Richten Sie Ihre Aufmerksamkeit auf Ihren emotionalen Zustand. Empfangen Sie jede Emotion mit Offenheit und Freundlichkeit, ohne Bewertung.

10. Kehren Sie Ihren Fokus sanft zu Ihrem Atem zurück, nehmen Sie einige bewusste, tiefe Atemzüge.

11. Ehren Sie sich selbst für die Zeit und die Energie, die Sie dieser Praxis der Achtsamkeit gewidmet haben.

12. Öffnen Sie langsam Ihre Augen. Tragen Sie die Ruhe und das erhöhte Bewusstsein, das Sie kultiviert haben, mit sich in den Rest Ihres Tages.

Kapitel 5
Kognitive Umstrukturierung

Kognitive Umstrukturierung, ein Begriff, der zunächst komplex erscheint, ist im Kern eine pragmatische und lebensverändernde Praxis. Sie gründet auf der Prämisse, dass unsere Gedanken nicht nur unsere Emotionen und Verhaltensweisen prägen, sondern auch unsere Lebensqualität maßgeblich beeinflussen.

Der Weg zur kognitiven Umstrukturierung beginnt mit dem Erkennen und Analysieren verzerrter oder negativer Gedanken. Wie ein Lichtstrahl, der durch die Dunkelheit dringt, erleuchtet dieser Prozess unser Bewusstsein, offenbart verborgene Hindernisse und eröffnet neue Horizonte der Selbstwahrnehmung.

Doch wie unterscheiden wir verzerrtes von realistischem Denken? Verzerrte Gedanken agieren oftmals unbemerkt, ähnlich unsichtbaren Skripten, die im Hintergrund unseres Geistes agieren und Emotionen und Verhalten unbewusst beeinflussen. Ihre Entlarvung ist somit ein entscheidender Schritt zur Bewusstseinsklärung.

Die Umgestaltung des Denkens bedeutet nicht, durch rosarote Brillen zu schauen, sondern eine ausgewogene und objektive Perspektive der Realität zu entwickeln. Es geht darum, eingefahrene negative Gedankenmuster zu erkennen, zu hinterfragen und durch reflektierte und konstruktive Alternativen zu ersetzen.

Dieser Veränderungsprozess kann auf Widerstand stoßen, da tief verwurzelte Glaubenssätze und Überzeugungen herausgefordert werden. Doch durch kontinuierliche Praxis und Reflexion werden die neuen, gesünderen Gedankenmuster schrittweise zur zweiten Natur.

Der Kontext spielt eine wesentliche Rolle: Die Angemessenheit eines Gedankens kann variieren, abhängig von der Situation und den individuellen Umständen. Die Fähigkeit, die neu entwickelten Denkmuster flexibel an unterschiedliche Lebenssituationen anzupassen, ist daher essenziell.

Wie jede Kunst erfordert auch die kognitive Umstrukturierung fortwährende Übung und Engagement. Es ist ein schrittweiser Prozess, der im Laufe der Zeit an Tiefe und Raffinesse gewinnt. Mit jedem Zyklus des Erkennens, Hinterfragens und Ersetzens von Gedankenmuster nähern wir uns einem erfüllteren und harmonischeren Leben.

Die kognitive Karte"

Die „kognitive Karte" ist ein Begriff, der unsere inneren Überzeugungen und mentalen Schemata beschreibt. Sie dient als unser innerer Kompass, gestaltet durch Erfahrungen und Lehren aus der Vergangenheit und hilft uns, die komplexen Wege des Lebens zu navigieren.

Unsere kognitive Karte nimmt ihren Anfang in der frühen Kindheit. Jede Begegnung, jedes erhaltene Lob oder jede Kritik, jede Herausforderung und jeder Triumph fügen ein neues Stück zu diesem mentalen Puzzle hinzu. Diese Karte wird zum Rahmen, durch den wir uns selbst, andere und die Welt um uns herum verstehen. Aber nicht alle Pfade auf dieser Karte führen zu gesunden oder produktiven Zielen. Manchmal, durch falsche oder verzerrte Informationen und Erfahrungen, entstehen Wege, die uns in Kreisen führen oder in Sackgassen enden. Zum Beispiel kann ein Kind, das oft kritisiert wird, eine Weltanschauung entwickeln, in der es sich selbst als unzulänglich oder ungeliebt sieht.

Durch die kognitive Umstrukturierung haben wir das Werkzeug, um die Irrwege auf unserer kognitiven Karte zu erkennen und zu korrigieren. Dies ist ein sorgfältiger und bewusster Prozess, der die Identifizierung der verzerrten Pfade und das Zeichnen neuer, konstruktiverer Wege erfordert.

Dieser Prozess der „Kartenaktualisierung" ist nicht augenblicklich. Es erfordert eine tiefe Selbstreflexion, das Mutmachen, die Schatten der Vergangenheit anzuschauen, und die Bereitschaft, alte Pfade zu verlassen und unbekannte Territorien zu erkunden. Doch in diesem mutigen Akt der Selbst-Transformation liegen Befreiung und Erneuerung.

Wenn wir die kognitive Karte neu gestalten, entfesseln wir unser volles Potenzial, befreien uns von den Fesseln verzerrter Überzeugungen und öffnen uns für ein Leben voller Selbstvertrauen, Klarheit und Erfüllung. Mit jeder aktualisierten „Route" auf unserer Karte bewegen wir uns näher zu einem authentischen Selbstausdruck und einem Leben, das von innen heraus strahlt.

Die Rolle der Emotionen

Die Integration von Emotionen in den Prozess der kognitiven Umstrukturierung ist unerlässlich, denn Emotionen sind nicht nur Reaktionen, sondern auch Informationsquellen, die unser Denken und Handeln beeinflussen. Dieser synergetische Zusammenhang zwischen Emotionen und Gedanken bildet den Kern unserer psychischen Dynamik.

Das Verständnis, dass Gedanken und Emotionen sich gegenseitig beeinflussen und formen, bildet den Ausgangspunkt. Negative Gedanken können zu unangenehmen Emotionen führen, während positive Gefühle das Tor zu optimistischen und hoffnungsvollen Gedanken öffnen können. Emotionen dienen als Barometer, das die Qualität unserer Gedanken und Überzeugungen widerspiegelt. Veränderungen im emotionalen Zustand können ein Frühindikator für Fortschritte in der kognitiven Umstrukturierung sein. Zum Beispiel kann eine Reduzierung der Intensität negativer Emotionen auf den Rückgang verzerrter oder negativer Gedanken hinweisen.

Die Herausforderungen, die der Prozess der kognitiven Umstrukturierung mit sich bringt, unterstreichen die Bedeutung von

Selbstmitgefühl. Jeder Schritt dieses Weges erfordert, dass wir uns selbst mit Liebe, Geduld und Verständnis begegnen. Selbstliebe wird so zum Katalysator, der die Transformation von schädlichen Gedankenmuster fördert.

Emotionale Resilienz ist ein produktives Nebenprodukt der kognitiven Umstrukturierung. Indem wir lernen, unsere Gedanken zu verstehen und zu verändern, stärken wir unsere emotionale Widerstandsfähigkeit. Dies eröffnet uns eine Welt, in der Herausforderungen und Widrigkeiten mit Anmut und Stärke begegnet werden können.

Vergleichstechniken in der kognitiven Umstrukturierung

Die Konfrontation mit unseren Gedanken ist ein wesentlicher Schritt in der kognitiven Umstrukturierung, einem Prozess, durch den wir lernen, verzerrte oder irrationale Überzeugungen zu erkennen und zu korrigieren. Dabei dient die Konfrontation nicht nur als Methode, diese Gedanken herauszufordern, sondern auch sie eingehend zu untersuchen und zu analysieren.

Wenn wir unsere Gedanken konfrontieren, stellen wir sie auf den Prüfstand. Wir fragen uns, ob sie auf Fakten basieren und ob es alternative Erklärungen oder Perspektiven gibt. Dieser Prüfprozess ist unerlässlich, um die Klarheit und Objektivität unseres Denkens zu fördern und verzerrte Gedanken von der Realität abzugrenzen.

Die Emotionen, die mit unseren Gedanken einhergehen, sind ein weiteres wichtiges Element in diesem Prozess. Nehmen wir zum Beispiel den Gedanken "Ich bin nutzlos, weil ich versagt habe". In der Konfrontationsphase wird nicht nur der Gedanke selbst in Frage gestellt, sondern auch die damit verbundenen Emotionen wie Enttäuschung oder Traurigkeit werden analysiert und bewertet.

Es gibt eine Vielzahl von Techniken zur effektiven Konfrontation und Analyse von Gedanken. Die "Gedankenzerlegung" zielt darauf ab, einen Gedanken in seiner Gesamtheit zu analysieren und seinen

Wahrheitsgehalt zu bewerten. Die "Realitätsprüfung" vergleicht den Gedanken mit objektiven Fakten oder externen Beweisen. Positive Affirmationen und Visualisierungstechniken können ebenfalls verwendet werden, um ein Gegengewicht zu negativen oder verzerrten Überzeugungen zu bieten und alternative, konstruktivere Denkmuster zu fördern. In den folgenden Abschnitten werden wir diese Techniken detaillierter betrachten, ihre Anwendungen und Vorteile diskutieren und Beispiele dafür geben, wie sie im Rahmen der kognitiven Umstrukturierung eingesetzt werden können, um ein klareres, objektiveres und konstruktiveres Denken zu fördern.

Die Gedankenzerlegung

Die Methode der Gedankenzerlegung spielt eine zentrale Rolle in der kognitiven Umstrukturierung. Sie dient dazu, verzerrte oder irrationalen Gedanken präzise zu analysieren und durch eine rationale und faktenbasierte Perspektive zu ersetzen.

Durch die detaillierte Untersuchung der einzelnen Elemente eines Gedankens können wir erkennen, welche Aspekte auf Fakten basieren und welche von kognitiven Verzerrungen beeinflusst sind.

Mit der Zeit ermöglicht die kontinuierliche Praxis der Gedankenzerlegung ein tieferes Verständnis der eigenen Denkmuster und fördert die Entwicklung eines konstruktiveren und realistischeren Denkansatzes.

Hier ist ein strukturierter Prozess der Gedankenzerlegung:

1. Identifizierung des Gedankens: Zuerst identifizieren wir den spezifischen Gedanken, den wir untersuchen wollen, z.B. "Ich bin ein Versager, weil ich nicht befördert wurde".

2. Aufspaltung der Komponenten: Dieser Gedanke wird dann in seine einzelnen Elemente zerlegt. Zum Beispiel könnten die Komponenten "Ich bin ein Versager" und "Ich wurde nicht befördert" sein.

3. Bewertung der Komponenten: Jedes Segment des Gedankens wird kritisch bewertet. Man könnte Fragen stellen wie: "Ist es wahr, dass das Nicht-Erhalten einer Beförderung mich zu einem Versager macht?" oder "Welche anderen Umstände oder Faktoren könnten zu meiner Nicht-Beförderung beigetragen haben, die nichts mit meinem persönlichen Wert oder meinen Fähigkeiten zu tun haben?"

4. Konfrontation mit der Realität: In diesem Schritt vergleichen wir die Komponenten unseres Gedankens mit objektiven Beweisen und realen Fakten. Dies hilft, die Validität des Gedankens zu prüfen und etwaige Verzerrungen zu identifizieren. Wenn die Nicht-Beförderung beispielsweise auf unternehmensinterne Umstände zurückzuführen ist und nicht auf die individuelle Leistung, wird der Gedanke „Ich bin ein Versager" in Frage gestellt und kann überarbeitet werden.

Die Gedankenzerlegung ist ein dynamischer und interaktiver Prozess. Sie erfordert Ehrlichkeit, Offenheit und die Bereitschaft, tief verwurzelte Überzeugungen und Annahmen zu hinterfragen. Mit kontinuierlicher Übung wird diese Methode zu einem integralen Bestandteil des individuellen Wachstums und der persönlichen Entwicklung und unterstützt uns dabei, ein ausgeglicheneres und erfüllteres Leben zu führen.

Der Realitätstest

Der "Realitätstest" ist eine Schlüsselstrategie innerhalb der kognitiven Umstrukturierung. Er ermöglicht es uns, unsere negativen oder verzerrten Gedanken durch den Abgleich mit objektiven Fakten und realen Beweisen zu evaluieren. Dieser Ansatz fördert die Entwicklung eines rationaleren und ausgeglicheneren Denkprozesses und unterstützt die emotionale und mentale Gesundheit.

Der Prozess wird in den folgenden strukturierten Schritten durchgeführt:

1. Identifizierung des Gedankens: Zunächst identifizieren wir den spezifischen Gedanken, den wir evaluieren wollen, z.B. "Alle hassen mich, weil ich in einer Sitzung etwas Dummes gesagt habe".

2. Sammeln von Beweisen: In diesem Schritt sammeln wir konkrete Beweise, die den Gedanken unterstützen oder widerlegen. Fragen wie "Gab es nach der Sitzung negative Reaktionen?" oder "Haben Kollegen direkt ihre Missbilligung ausgedrückt?" helfen, relevante Informationen zu sammeln.

3. Bewertung der Beweise: Die gesammelten Beweise werden kritisch geprüft. Dabei wird bewertet, ob sie valide und zuverlässig sind und ob sie ausreichen, um den ursprünglichen Gedanken zu stützen oder in Frage zu stellen.

4. Vergleich und Schlussfolgerung: Der identifizierte Gedanke wird mit den gesammelten Beweisen abgeglichen. Wenn die Beweise den Gedanken nicht stützen, ist es wahrscheinlich, dass der Gedanke das Ergebnis einer kognitiven Verzerrung ist und überarbeitet werden sollte.

Die Anwendung des "Realitätstests" fördert eine tiefere Reflexion und Selbstbewusstsein. Es unterstützt die Identifikation und Korrektur von verzerrten Denkmustern und fördert so eine realistischere und konstruktivere Sichtweise.

Mit wiederholter Übung wird diese Technik zu einem integralen Bestandteil des mentalen Werkzeugkastens, der zur Stärkung der emotionalen und mentalen Resilienz beiträgt.

Positive Affirmationen

Positive Affirmationen sind mehr als nur motivierende Sätze; sie dienen als kraftvolle Werkzeuge, um unser Selbstbild zu stärken, Selbstzweifel zu mindern und ein stärkeres Gefühl von Selbstwirksamkeit und Selbstwert zu kultivieren. Durch wiederholtes Aussprechen dieser bekräftigenden Aussagen können wir unsere Gedanken, Überzeugungen und damit auch unsere Handlungen positiv beeinflussen.

<u>Charakteristika Effektiver Positiver Affirmationen:</u>

1. Spezifität: Jede Affirmation sollte präzise und zielgerichtet sein, sich auf konkrete Attribute oder Ziele konzentrieren, um maximale Wirkung zu erzielen.

2. Glaubwürdigkeit: Affirmationen müssen authentisch und glaubwürdig sein. Sie sollten Aussagen widerspiegeln, die im Einklang mit der eigenen Realität und Erfahrung stehen.

3. Wiederholung: Durch ständige Wiederholung können positive Affirmationen im Gedächtnis verankert und somit Teil des automatischen Denkprozesses werden.

4. Emotionale Resonanz: Eine emotionale Komponente kann die Verankerung der Affirmation im Bewusstsein verstärken, indem sie eine tiefere, emotionale Resonanz und Verbindung hervorruft.

<u>Beispiele für Positive Affirmationen:</u>

1. "Ich bin belastbar und begegne Herausforderungen mit Mut und Entschlossenheit."

2. "Ich verdiene Liebe und Respekt und behandle mich selbst und andere mit Würde und Achtung."

3. "Jeder Tag bietet neue Chancen zum Wachstum und zur Verbesserung."

4. "Ich bin dankbar für die Weisheit und Einsicht, die das Leben mir bietet."

Die regelmäßige und bewusste Praxis von positiven Affirmationen kann eine transformative Wirkung auf die psychische Verfassung haben. Indem wir sie in unseren Alltag integrieren, z. B. durch morgendliche oder abendliche Reflexionen, können wir die

Entwicklung eines positiveren und bestärkenden Denkmusters fördern. Dies wiederum beeinflusst unser Verhalten, unsere Entscheidungen und unsere Interaktionen mit anderen auf konstruktive Weise. Der konsequente Einsatz von positiven Affirmationen ist mehr als eine kurzfristige Strategie zur Stimmungsverbesserung; er ist ein Weg zu einer tiefgreifenden, nachhaltigen Veränderung der Art und Weise, wie wir uns selbst und unsere Welt wahrnehmen und erleben.

Visualisierungsübungen

Visualisierungsübungen sind Schlüsselkomponenten im Prozess der mentalen Transformation. Sie nutzen die Kraft der Vorstellung, um mentale Bilder zu kreieren, die Emotionen und Reaktionen des Körpers positiv beeinflussen. In der kognitiven Umstrukturierung spielen sie eine zentrale Rolle, denn sie bieten nicht nur Entspannung, sondern auch eine mentale Umgestaltung.

Durchführung einer Visualisierungsübung:

1. Wählen Sie einen ruhigen und ungestörten Ort. Setzen oder legen Sie sich bequem hin.

2. Konzentrieren Sie sich ein paar Minuten auf Ihre Atmung, um Körper und Geist zu entspannen.

3. Visualisieren Sie eine beruhigende Szene, z.B. einen Waldspaziergang. Fokussieren Sie sich auf Details - das Singen der Vögel, das Rascheln der Blätter, das warme Sonnenlicht.

4. Beziehen Sie alle Sinne ein – Sehen, Hören, Fühlen, Riechen und sogar Schmecken.

- Lassen Sie sich vollständig in die Szene eintauchen, spüren Sie die Emotionen und körperlichen Empfindungen.

5. Richten Sie Ihre Aufmerksamkeit erneut auf Ihre Atmung. Öffnen Sie langsam Ihre Augen und nehmen Sie Ihre Umgebung wahr.

Regelmäßig praktiziert, können Visualisierungsübungen dazu beitragen, das emotionale Gleichgewicht zu fördern, die geistige Klarheit zu steigern und ein tieferes Gefühl der inneren Ruhe und Gelassenheit zu entwickeln. Es ist eine Reise der inneren Transformation, die zur äußeren Veränderung führt.

Fortschritte Messen in der Kognitiven Umstrukturierung

Im Rahmen der kognitiven Umstrukturierung ist es essenziell, einen klaren Überblick über die gemachten Fortschritte zu haben. Dies ist nicht nur notwendig, um Erfolge zu quantifizieren, sondern auch, um die Motivation hoch und die Richtung klar zu halten.

Ein erster Schritt besteht in der Festlegung klarer, realistischer Ziele, die spezifisch, messbar, erreichbar, relevant und zeitgebunden (SMART) sind. Statt eines vagen Ziels wie "Ich möchte weniger ängstlich sein", sollte es präzisiert werden: "Ich strebe an, meinen Angstpegel innerhalb eines Monats von 8 auf 5 auf einer 10-Punkte-Skala zu reduzieren."

Der Weg der kognitiven Veränderung ist oft mit Herausforderungen und Rückschlägen gepflastert. Diese sollten nicht als Misserfolge gesehen werden, sondern als Chancen für Wachstum und Lernen. Eine kontinuierliche Reflexion und Anpassung der Strategien ist entscheidend, um auf dem Weg der Selbstverbesserung voranzukommen. Es ist ebenfalls wesentlich, verschiedene Methoden zur Datenerfassung und -analyse zu nutzen, um ein umfassendes Bild der individuellen Entwicklung zu erhalten. Instrumente zur Selbsteinschätzung, wie Tagebücher oder Apps, erlauben die Dokumentation von Gedanken und Gefühlen im Zeitverlauf. Dies fördert das Bewusstsein für Veränderungen und unterstützt dabei, den Verlauf der kognitiven Transformation sichtbar zu machen. Feedback von außen bildet eine ergänzende Ressource. Die Einschätzungen von Therapeuten, Freunden oder Familienmitgliedern können wertvolle Einblicke geben und die Selbsterkenntnis vertiefen. Sie liefern eine externe Perspektive, die vor allem dann von Nutzen ist, wenn Selbstwahrnehmung durch kognitive Verzerrungen getrübt sein könnte.

Die Erfolgsmessung wird durch die Integration dieser Elemente – klare Zielsetzung, kontinuierliche Selbstreflexion, und externes Feedback – optimiert. Es ist ein dynamischer Prozess, der sich mit der Zeit anpasst und verfeinert, und der individuelle Wachstum und Veränderung nicht nur misst, sondern auch fördert. Die Dokumentation und Wertschätzung jedes Fortschritts, sei er auch noch so klein, spielt eine entscheidende Rolle dabei, das Engagement aufrechtzuerhalten und die Reise der kognitiven Umstrukturierung mit Selbstbewusstsein und Entschlossenheit fortzusetzen.

Kapitel 6
Die Bedeutung der Umwelt

Doch die physische Umgebung ist nur ein Teil des Ganzen. Das soziale Umfeld, in dem wir uns bewegen, beeinflusst ebenfalls unseren psychischen Zustand. Toxische oder belastende Beziehungen können die mentale Belastung verstärken, während unterstützende soziale Kontakte als Puffer gegen Stress und Angst wirken können. Die Herausforderung besteht darin, sowohl das physische als auch das soziale Umfeld bewusst zu gestalten, um das mentale Wohlbefinden zu fördern. Dies erfordert ein Verständnis der verschiedenen Elemente der Umwelt und wie sie individuell und kollektiv auf die Psyche wirken. Durch die Berücksichtigung von Faktoren wie Raumgestaltung, Lärmpegel, Luftqualität und sozialen Interaktionen können wir Räume schaffen, die das geistige und emotionale Wohlbefinden fördern. Dazu können physische Veränderungen wie die Neugestaltung von Räumen oder die Schaffung von „Zonen der Ruhe" zählen. Gleichzeitig müssen wir die Qualität unserer Beziehungen bewerten und optimieren und den Umgang mit digitalen Medien regulieren, um Überstimulation und übermäßiges Denken zu minimieren.

Hier sind zehn praxisnahe Strategien:

1. <u>Organisieren Sie Ihren Lebensraum</u>: Die Organisation und Gestaltung des persönlichen Raums spielt eine entscheidende Rolle. Eine aufgeräumte, gut organisierte Umgebung kann das mentale Wohlbefinden steigern und ein Gefühl der Kontrolle und Ruhe fördern. Verabschieden Sie sich von Unordnung, schaffen Sie funktionale Räume und integrieren Sie Elemente, die Frieden und Positivität fördern.

2. <u>Achten Sie auf die akustische Umgebung</u>: Geräusche beeinflussen unsere mentale Gesundheit. Schaffen Sie "Zonen der Ruhe", minimieren Sie störende Geräusche und nutzen Sie positive

Klangelemente wie beruhigende Musik oder Naturgeräusche, um eine Atmosphäre der Entspannung zu schaffen.

3. <u>Gestalten Sie soziale Interaktionen bewusst</u>: Beurteilen und strukturieren Sie Ihre sozialen Beziehungen. Distanzieren Sie sich von toxischen oder belastenden Beziehungen und fördern Sie positive, unterstützende Kontakte. Die Qualität der sozialen Interaktionen ist entscheidend für die emotionale und mentale Gesundheit.

4. <u>Digital Detox</u>: In einer Welt, die immer vernetzter ist, kann das Abschalten von digitalen Geräten und sozialen Medien entscheidend sein, um das Gehirn zu entlasten und Überdenken zu reduzieren. Legen Sie Zeiten für digitale Entgiftung fest und konzentrieren Sie sich auf die physische Welt.

5. <u>Natur und Außenräume</u>: Der Kontakt mit der Natur hat eine nachgewiesene positive Wirkung auf die mentale Gesundheit. Verbringen Sie Zeit im Freien, pflegen Sie Pflanzen, genießen Sie natürliche Landschaften – all dies kann zur Reduzierung von Stress und Angst beitragen.

6. <u>Arbeitsumgebung optimieren</u>: Ihr Arbeitsplatz sollte Anregung und Konzentration fördern. Achten Sie auf Ergonomie, Beleuchtung und Raumgestaltung. Eine positive Arbeitsumgebung fördert Produktivität und reduziert mentalen Stress.

7. <u>Gesunde Lebensgewohnheiten</u>: Ernährung und Bewegung sind ebenfalls Teil der Umgebung. Eine ausgewogene Ernährung und regelmäßige körperliche Aktivität haben direkte Auswirkungen auf die mentale Verfassung und das emotionale Gleichgewicht.

8. <u>Licht und Farben</u>: Die Qualität des Lichts und die Farbwahl in Ihrer Umgebung beeinflussen Ihre Stimmung und Energie. Wählen Sie natürliche, warme Beleuchtung und Farben, die Ruhe und Positivität fördern.

9. <u>Persönlicher Rückzugsort</u>: Schaffen Sie einen privaten Raum, der nur Ihnen gehört, wo Sie sich zurückziehen, entspannen und

reflektieren können. Dieser Raum sollte frei von Störungen und Ablenkungen sein, ein Ort der Ruhe und Erneuerung.

10. <u>Gemeinschaftliches Engagement</u>: Beteiligen Sie sich aktiv in Ihrer Gemeinschaft. Positive Interaktionen und das Gefühl, Teil eines größeren Ganzen zu sein, können das Gefühl der Zugehörigkeit und des Wohlbefindens steigern.

Diese Schritte sind nicht nur strategische Maßnahmen zur Gestaltung Ihrer Umgebung, sondern auch fundamentale Praktiken zur Selbstpflege. Wenn Sie Ihre Umgebung bewusst gestalten, fördern Sie nicht nur Ihr unmittelbares Wohlbefinden, sondern legen auch das Fundament für eine langfristige, nachhaltige psychische und emotionale Gesundheit.

Der Einfluss der Ernährung auf das psychische Wohlbefinden

Oft übersehen wir die Rolle der Ernährung bei der Förderung des geistigen und psychischen Wohlbefindens. Die Tendenz besteht darin, den Fokus auf externe Aspekte wie Raumgestaltung, soziale Interaktionen und digitale Einflüsse zu legen, wobei die entscheidende Rolle, die unsere Nahrungsaufnahme spielt, übersehen wird.

Es ist unerlässlich zu verstehen, dass Lebensmittel mehr als nur physische Nahrung sind - sie sind ebenso Nahrung für unseren Geist. Die Qualität und Art der konsumierten Lebensmittel beeinflussen eine Vielzahl neurochemischer Abläufe, die direkt unsere Stimmung, Energie und Konzentration prägen. Zum Beispiel können Lebensmittel, die reich an Zucker und raffinierten Kohlenhydraten sind, zu schnellen Schwankungen des Blutzuckerspiegels führen, was wiederum Stimmungsschwankungen und ein erhöhtes Maß an übermäßigem Denken auslöst.

Eine ausgewogene Ernährung, reich an essentiellen Nährstoffen wie Omega-3-Fettsäuren, Proteinen von hoher Qualität und

Ballaststoffen, hat hingegen die Kraft, den Blutzuckerspiegel zu stabilisieren und ein Gefühl der emotionalen Ausgewogenheit zu unterstützen. Die Bedeutung der Ernährung geht jedoch über die biochemische Ebene hinaus. Sie ist auch ein Akt der Selbstliebe und Bewusstheit.

Die bewusste Wahl, den Körper mit nahrhaften und gesunden Lebensmitteln zu versorgen, ist gleichzeitig eine Wahl, den Geist zu pflegen und zu stärken. Diese Form der Selbstfürsorge ist eine starke Waffe gegen die Tendenzen des übermäßigen Denkens, sie fördert ein Gefühl der Zentriertheit und Kontrolle.

Achtsames Essen, eine Praxis, bei der volle Aufmerksamkeit auf die Sinneserfahrungen während der Mahlzeit gerichtet wird – Geschmack, Geruch, Textur –, ist eine effektive Methode, um die Spirale des übermäßigen Denkens zu durchbrechen. Dieser achtsame Ansatz fördert die Anwesenheit im gegenwärtigen Augenblick, bereichert das Esserlebnis und minimiert die Neigung zum Grübeln.

In der Anerkennung der untrennbaren Verbindung zwischen Ernährung und geistigem Wohlbefinden liegt die Gelegenheit, bewusste Ernährungsentscheidungen zu treffen, die sowohl den Körper als auch den Geist ehren und nähren.

Kapitel 7
Die Kunst des Loslassens

Inmitten der hektischen Dynamik des zeitgenössischen Lebensstils wird die Kunst des Loslassens von belastenden Gedanken und Sorgen immer mehr zur unerlässlichen Fähigkeit. Der unaufhörliche Fluss an Informationsüberflutung und die komplexen Herausforderungen des Alltags erzeugen eine ständige Stimulierung unseres Denkprozesses, die, wenn sie nicht gehandhabt wird, zu mentaler Erschöpfung und Unruhe führen kann.

Bevor der Prozess des Loslassens in Gang gesetzt wird, ist es unerlässlich, die spezifischen Gedanken und Sorgen zu identifizieren, die uns festhalten. Wie unsichtbare Ketten können sie uns einschränken, unsere emotionale und geistige Beweglichkeit beeinträchtigen und unsere Fähigkeit, das volle Potenzial unseres Lebens auszuschöpfen, untergraben. Die Inspektion und das Bewusstsein dieser mentalen Belastungen ist der erste Schritt zur Erlangung der Freiheit.

Loslassen ist eine Fertigkeit, die sowohl eine mentale als auch emotionale Dimension einbezieht.

Es geht darum, einen bewussten Schritt zurückzutreten, die anhänglichen Hände des Verstandes zu öffnen und Raum für die Annahme und Transformation zu schaffen. Verschiedene Techniken, darunter Meditation, Achtsamkeitspraktiken und kognitive Umstrukturierung, können instrumental sein, um uns dabei zu helfen, die starre Verhaftung an überwältigende Gedanken und Gefühle zu lösen.

Ein integraler Bestandteil des Loslassens ist die Praxis der Vergebung und Annahme. Oftmals sind es die nicht vergebenen Verletzungen und unaufgelösten Konflikte, die unseren Verstand belagern. Indem wir lernen zu vergeben - anderen und uns selbst - befreien wir uns von den Fesseln der Vergangenheit. Die Annahme erlaubt uns, die

Realität ohne Widerstand zu umarmen, wodurch der Raum für Veränderung und Transformation geschaffen wird.

Wenn wir lernen, loszulassen, begeben wir uns auf den Weg zur inneren Freiheit. Wir schaffen Raum für neues Wachstum, Möglichkeiten und Erfahrungen, die jenseits der Begrenzungen liegen, die unsere festgehaltenen Gedanken und Sorgen auferlegen. Es ist ein Weg zur geistigen Klarheit, emotionalen Ruhe und einem erfüllten, bewussten Leben, das nicht durch die Fesseln ungeprüfter und unkontrollierter Gedankenprozesse eingeschränkt wird.

In diesem Kapitel werden wir Strategien, Techniken und Reflexionsübungen erkunden, um die Kunst des Loslassens zu meistern und die Kontrolle über unsere Gedanken und Emotionen zurückzugewinnen. Wir treten in einen Raum der inneren Stille und Harmonie ein, wo wahre Transformation und Freiheit warten.

Die Quadratische Atmung

In der fortwährenden Reise des Loslassens und der Selbstentdeckung stellt die quadratische Atmung eine Schlüsseltechnik dar, die uns dabei hilft, unser Bewusstsein zu erweitern, Stress abzubauen und die Qualität unserer geistigen Klarheit und emotionalen Balance zu steigern. Diese Methode basiert auf einer symmetrischen Atmung, wobei jede Phase des Atemzyklus gleichmäßig und mit Absicht durchgeführt wird.

Die Quadratische Atmung findet ihren Ursprung in alten Praktiken und wurde von verschiedenen Kulturen und Traditionen übernommen. Die Gleichmäßigkeit und Harmonie der Atmung fördern nicht nur die physische Entspannung, sondern schaffen auch eine spirituelle Verbindung, die uns erlaubt, über unser alltägliches Bewusstsein hinauszugehen.

Die Schönheit der Quadratischen Atmung liegt in ihrer Anwendbarkeit. Wir werden untersuchen, wie man diese Praxis in den täglichen Rhythmus des Lebens integrieren kann, um kontinuierliche Verbesserungen im emotionalen und geistigen Wohlbefinden zu fördern. Dabei werden praktische Tipps und Strategien geteilt, um die Methode in verschiedenen Umgebungen und Szenarien anzuwenden. Hier ist eine Anleitung, wie Sie diese Atemtechnik praktizieren können:

1. Finden Sie einen ruhigen und gemütlichen Ort, an dem Sie sich entspannen können. Ob Sie auf einem Stuhl sitzen oder sich auf den Boden legen, sorgen Sie dafür, dass Ihr Rücken gerade ist, und positionieren Sie Ihre Füße fest auf dem Boden oder einer flachen Oberfläche.

2. Wenn möglich, schaffen Sie eine entspannende Umgebung. Dies kann durch sanfte Beleuchtung, leise Hintergrundgeräusche oder durch Düfte aus ätherischen Ölen wie Lavendel erreicht werden, um die Sinne zu beruhigen und die Konzentration zu fördern.

3. Schließen Sie Ihre Augen, um Ablenkungen zu minimieren, und lenken Sie Ihre Aufmerksamkeit auf Ihren Atem. Beobachten Sie, wie die Luft sanft durch Ihre Nasenlöcher ein- und ausströmt.

4. Atmen Sie langsam und tief durch die Nase ein, während Sie bis vier zählen. Visualisieren Sie, wie die Luft Ihre Lungen füllt und von Ihrem Bauchbereich bis zur Brust aufsteigt.

5. Halten Sie den Atem an, während Sie erneut bis vier zählen. Lassen Sie den Sauerstoff durch Ihren Körper zirkulieren und Ihre Zellen mit Energie versorgen.

6. Atmen Sie langsam durch den Mund aus und zählen Sie dabei wieder bis vier. Visualisieren Sie, wie Stress, Anspannung und überflüssige Gedanken mit jedem Atemzug verfliegen.

7. Fuhrer Sie diese Atemzyklen für etwa 3-5 Minuten oder länger durch, je nach Bedarf und Komfort. Sie sollten eine spürbare Verbesserung Ihrer mentalen Klarheit und Entspannung verspüren.

Die Quadratische Atmung ist nicht nur eine Technik zur Stressbewältigung, sondern auch ein Weg, um sich selbst besser kennenzulernen, den Geist zu schärfen und eine tiefere Verbindung zum gegenwärtigen Moment herzustellen. Mit regelmäßiger Übung wird es einfacher, in einen Zustand der Ruhe und Konzentration einzutreten, selbst inmitten des alltäglichen Trubels.

Worte zu Papier bringen

Das Schreiben kann eine leistungsstarke Form der Selbstreflexion und -entdeckung sein. Durch das Niederschreiben unserer Gedanken können wir Struktur und Klarheit schaffen, die uns dabei helfen, unsere Emotionen zu verstehen und zu verarbeiten. Dies kann besonders hilfreich sein, um uns von den zirkulären Gedankenmustern zu befreien, die zu Angst und Depression führen können. Das Aufschreiben unserer Erfahrungen und Empfindungen ermöglicht es uns, die narrative Struktur unseres Denkens zu erkennen. Oft sind es die Geschichten, die wir uns selbst erzählen, die unsere Gefühle und Reaktionen prägen. Wenn wir beginnen, diese Geschichten zu Papier zu bringen, können wir sie aus einer neuen Perspektive betrachten und beginnen, alternative Narrative zu erkunden. Hier sind einige zusätzliche Methoden und Techniken, die das Schreiben als Mittel zum Loslassen von Gedanken und zur Selbstheilung unterstützen:

Reflexive Schreibpraxis

- *Tagebuchführung*: Das tägliche Aufzeichnen von Gedanken, Gefühlen und Erfahrungen kann helfen, innere Konflikte und Unsicherheiten zu erkennen und zu bearbeiten.

- *Schreiben von Briefen*: Das Verfassen von Briefen an sich selbst oder an andere (auch wenn sie nie gesendet werden) kann als Mittel zur Verarbeitung und Aussprache ungesagter Gefühle dienen.

Kreatives Schreiben

- *Geschichtenerzählung*: Das Verfassen von fiktiven Geschichten, in denen Sie Ihre Gefühle und Erfahrungen explorieren, kann helfen,

Distanz zu schmerzhaften oder verwirrenden Emotionen zu schaffen und diese zu transformieren.

- *Poesie*: Das Ausdrücken von Gefühlen durch Poesie kann ein kraftvolles Mittel sein, um Emotionen zu verarbeiten und in eine ästhetische Form zu bringen, die Heilung und Verständnis fördert.

Strukturiertes Schreiben

- *Listen*: Das Anfertigen von Listen (z.B. Dinge, für die Sie dankbar sind, Dinge, die Sie loslassen möchten, etc.) kann eine konkrete und greifbare Weise sein, sich auf positive Elemente zu konzentrieren oder belastende Gedanken zu erkennen und loszulassen.

- *Affirmationen*: Das Schreiben positiver Aussagen und Affirmationen kann helfen, den Fokus von negativen Gedankenmustern zu lösen und eine positivere Selbstwahrnehmung zu fördern.

Visuelles Journaling

- *Kombination von Worten und Bildern*: Das Einbeziehen von Zeichnungen, Collagen oder anderen visuellen Elementen in Ihr Schreiben kann Ihnen helfen, Emotionen und Gedanken auf eine nicht-verbale Weise zu erkunden und auszudrücken.

Digitales Journaling

- *Blogging und Online-Journals*: Für diejenigen, die eine digitale Plattform bevorzugen, bieten Blogs und Online-Journals Raum, Gedanken und Erfahrungen mit einer größeren Gemeinschaft zu teilen, und können Support und Feedback ermöglichen. Denken Sie daran, dass es keine "richtige" oder "falsche" Art zu schreiben gibt. Es geht darum, einen persönlichen und authentischen Ausdruck Ihrer Gedanken, Gefühle und Erfahrungen zu finden. Das Ziel ist es, durch das Schreiben Freiheit, Klarheit und Heilung zu erfahren, indem Sie die unausgesprochenen Worte, die in Ihrem Inneren widerhallen, zu Papier bringen und damit Raum für Erneuerung und Transformation schaffen.

Hier ist eine angeleitete Übung, um Ihren Geist von belastenden Gedanken und Gefühlen zu befreien und ein Gefühl der Erleichterung und inneren Ruhe zu finden:

1.   Finden Sie einen Ort der Stille und Ruhe, wie einen abgeschiedenen Raum, einen friedlichen Park oder ein stilles Café.

2. Halten Sie ein Notizbuch und einen Stift bereit. Obwohl digitale Geräte auch verwendet werden können, fördert das Schreiben mit der Hand eine tiefere Verbindung zu Ihren Gedanken und Gefühlen.

3. Atmen Sie tief ein und aus und erlauben Sie sich, ganz im gegenwärtigen Moment anzukommen. Lassen Sie den Tag hinter sich und öffnen Sie sich für das Jetzt.

4. Beginnen Sie mit einer Aussage oder Frage, die Ihr Schreiben leitet. Dies kann eine spezifische Frage oder ein offenes Thema sein, um Ihre aktuellen Gefühle oder Gedanken zu erforschen.

5. Schreiben Sie ohne Zensur oder Urteil. Lassen Sie Ihre Gedanken und Gefühle ungehindert fließen, ohne auf Grammatik oder Struktur zu achten.

6. Vertiefen Sie sich in das, was auf dem Papier erscheint. Sehen Sie es als eine Gelegenheit, Ihre inneren Erlebnisse zu erkunden und zu verstehen.

7. Widmen Sie dieser Übung 15-20 Minuten. Das Ziel ist es, einen Fluss des Schreibens und Reflexion zu erreichen, der natürliche Einsichten und Erkenntnisse fördert.

8. Lesen Sie, was Sie geschrieben haben, durch und nehmen Sie wahr, welche Gedanken, Gefühle und Erkenntnisse sich gezeigt haben. Erkennen Sie Muster oder Themen, die in Ihrem Bewusstsein auftauchen.

Diese Übung dient dazu, mentale und emotionale Blockaden zu lösen, die Klarheit des Geistes zu fördern und ein tiefes Gefühl der inneren Ruhe und Erleichterung zu erleben. Es ist ein Weg, sich selbst zu ehren, indem Sie Raum schaffen, um Ihre innere Welt ohne Urteil oder Erwartungen zu erforschen.

Verlagerung des Schwerpunkts: Der Weg zur geistigen Balance

Die Fokusverlagerung ist mehr als eine kognitive Technik - sie ist ein Schlüsselinstrument, das Individuen befähigt, die Kontrolle über ihre mentalen Prozesse zu erlangen. In einer Welt, in der wir von einer Flut von Informationen und ständig wechselnden Stimuli überwältigt werden, kann das Festhalten an negativen oder überwältigenden Gedanken unvermeidlich erscheinen. Hier kommt die Kunst der Fokusverlagerung ins Spiel.

Dieser Ansatz zielt darauf ab, die mentale Energie bewusst von belastenden Gedanken oder Gefühlen auf Aktivitäten oder Gedankengänge zu verlagern, die sowohl konstruktiv als auch bereichernd sind. Es geht nicht darum, die Realität zu ignorieren oder Probleme zu verdrängen, sondern darum, einen Raum der mentalen Ruhe zu schaffen, der das kritische Denken und das kreative Problemlösung fördert.

Ob es sich um Bewegung, Kunst, Arbeit oder jede andere engagierte Tätigkeit handelt, die Fokusverlagerung ermöglicht eine "Pause" von den überwältigenden Gedanken und Sorgen. Dieser mentale Freiraum ist nicht nur erfrischend, sondern auch klärend. Er ermöglicht es dem Einzelnen, mit einer erneuerten Perspektive und Energie zurückzukehren, um sich den Herausforderungen des Lebens mit gestärkter Resilienz und Kreativität zu stellen.

In einer Zeit, in der unser Geist ständig beansprucht wird, dient die Fokusverlagerung als eine notwendige Ressource, die das geistige Wohlbefinden stärkt und die Qualität des Lebens verbessert. Durch das bewusste Praktizieren dieser Technik können Individuen ihre mentale Agilität, emotionale Stabilität und ihre allgemeine Lebenszufriedenheit steigern. Es ist eine Einladung, jeden Moment vollständig zu erleben, sich von den Fesseln lähmender Gedanken zu befreien und das volle Potenzial des gegenwärtigen Augenblicks zu erschließen.

Die Kraft des Verzeihens: Ein Weg zur inneren Freiheit und Heilung

Vergebung wird oft missverstanden. In einer Welt, die von Macht und Kontrolle besessen ist, kann die Idee, jemandem seine Fehler zu verzeihen, als Schwäche oder sogar als Niederlage angesehen werden. Doch in Wahrheit ist Vergebung eine tiefgreifende Demonstration von Stärke, Mut und Weisheit.

Vergebung ist keine passive Handlung, sondern ein aktiver, bewusster Prozess der Befreiung. Es geht nicht darum, das erlittene Unrecht zu ignorieren oder zu leugnen, sondern es anzuerkennen und zu entscheiden, sich nicht von ihm definieren oder dauerhaft beeinträchtigen zu lassen. Vergebung ist die ultimative Demonstration von Selbstliebe und Selbstrespekt. Sie ist ein Akt des Loslassens – ein Freisetzen von Schmerz, Wut und Resentiments, die das Herz beschweren und den Geist trüben.

Vergebung ist dynamisch und vielschichtig. Sie ist ein fortwährender Prozess, der Geduld, Reflexion und manchmal auch eine erhebliche mentale und emotionale Anstrengung erfordert. Doch dieser Prozess führt zu einer Freiheit und einem Frieden, die weit über das unmittelbare Gefühl der Erleichterung hinausgehen. Es ist eine tiefgreifende Transformation, die Raum für Heilung, Wachstum und Veränderung schafft.

Die Vorteile der Vergebung

- <u>Emotionale Befreiung</u>: Das Loslassen von Wut und Groll führt zu einer Erleichterung, die sowohl befreiend als auch ermächtigend ist. Der Geist wird klarer, das Herz leichter, und es öffnet sich ein Raum für positive Emotionen und Erfahrungen.

- <u>Körperliche Gesundheit</u>: Die Verbindung zwischen Geist und Körper ist unaufhaltsam. Das Loslassen von negativen Emotionen führt zu einem reduzierten Stressniveau und verbessert somit die körperliche Gesundheit und das Wohlbefinden.

- <u>Persönliches Wachstum</u>: Jeder Akt der Vergebung bietet wertvolle Einblicke in das eigene Selbst und die eigene Psyche. Es fördert die Selbstkenntnis und bildet eine solide Grundlage für persönliches Wachstum und Entwicklung.

- <u>Reparatur von Beziehungen</u>: Durch Vergebung wird ein Weg zur Heilung und Erneuerung von Beziehungen geebnet. Es fördert das Verständnis, die Empathie und die Verbindung zwischen den Menschen.

Die Kraft des Verzeihens ist sowohl persönlich als auch universal. Es ist ein Geschenk, das wir uns selbst und anderen anbieten – ein Schritt auf dem Weg zur Heilung, zur inneren Freiheit und zu einem erfüllten, harmonischen Leben. In der Praxis der Vergebung finden wir die höchste Form der menschlichen Stärke und die wahre Essenz der Freiheit.

Die Kunst der Dankbarkeit

Dankbarkeit wird oftmals lediglich als Ausdruck des Dankes betrachtet. In Wirklichkeit handelt es sich jedoch um eine tiefergehende Praxis, die über die einfache Dankesbekundung hinausgeht. Sie ist eine Lebenskunst und eine tägliche Übung, die dazu beitragen kann, unsere Sichtweise zu transformieren und unser allgemeines Wohlbefinden zu steigern.

In der Praxis der Dankbarkeit erkennen wir aktiv die Fülle und die kleinen Freuden, die unser Leben bereichern. Ob es die natürliche Schönheit, die uns umgibt, die Zuneigung unserer Lieben oder das Geschenk eines neuen Tages ist – dankbar zu sein ermöglicht uns eine Wertschätzung jener Elemente, die unser Dasein erfüllen und bereichern.

Ein Schlüssel zum Wert der Dankbarkeit liegt in ihrer Fähigkeit, unseren mentalen Fokus zu transformieren. Durch das Pflegen von Dankbarkeit lenken wir unsere Aufmerksamkeit auf den gegenwärtigen Moment, mindern das Grübeln und die Sorge um Vergangenheit und Zukunft und schaffen einen mentalen Raum, der Kreativität und Fokus fördert.

Die kumulativen Vorteile der regelmäßigen Praxis der Dankbarkeit sind wissenschaftlich belegt. Diese reichen von einer Reduzierung des Stressniveaus und der Angst bis hin zu einer Verbesserung der Stimmung, der Schlafqualität und sogar der körperlichen Gesundheit. Dankbarkeit ist somit nicht nur eine geistige, sondern auch eine körperliche Tugend.

Hier sind einige konkrete Methoden, um Dankbarkeit in Ihr tägliches Leben zu integrieren:

1. <u>Dankbarkeitstagebuch</u>: Notieren Sie täglich drei Dinge, für die Sie dankbar sind. Diese Reflexion fördert den positiven mentalen Fokus.

2. <u>Achtsamkeit</u>: Durch das Praktizieren von Achtsamkeit erkennen wir die unauffälligen, aber wertvollen Elemente unseres Lebens und lernen, sie zu schätzen.

3. <u>Dankbarkeit Ausdrücken</u>: Teilen Sie Ihre Dankbarkeit mit anderen; dies kann sowohl Ihr Wohlbefinden als auch Ihre Beziehungen stärken.

4. <u>Visualisierungsübungen</u>: Visualisieren Sie Ihr Leben ohne bestimmte Segnungen und erkennen Sie deren Wert.

5. <u>Dankbarkeitsbox</u>: Sammeln Sie kleine Erinnerungen und Notizen, die Ihre Dankbarkeit repräsentieren, und wenden Sie sich in schwierigen Zeiten an sie.

Die Reise zur Dankbarkeit beginnt mit der Erkenntnis, dass es mehr als eine verbale Bekundung ist. Es ist eine Philosophie, eine Lebensweise, die, wenn sie gepflegt wird, die Türen zu einem erhöhten Maß an Glück, Zufriedenheit und geistigem Wohlbefinden öffnet. In der heutigen Welt, in der der Stress und das übermäßige Nachdenken überhandnehmen, erweist sich die Kunst der Dankbarkeit als wohltuendes Gegenmittel, das uns aus der Umklammerung der Negativität befreit und in ein Raum der Anerkennung und Zufriedenheit führt.

Beginnen Sie noch heute mit Ihrem Dankbarkeitstagebuch und öffnen Sie die Tür zu einem bewussteren, erfüllten Leben. Nutzen Sie das untenstehende Muster als Ausgangspunkt und passen Sie es nach Bedarf an Ihre individuellen Erfahrungen und Empfindungen an.

Mein Tagebuch der Dankbarkeit

Datum	Heute bin ich dankbar für	Warum ich dankbar bin...
	Gesundheit	Heute fühle ich mich lebending und vital. Jeder Atemzug füllt mich mit Energie und ich bin dankbar für die Stärke und Gesundheit meines Körpers.
		Ich bin dankbar dafür, dass ich die Energie und Kraft habe, meinen Alltag aktiv und mit Begeisterung zu bewältigen.
	Arbeit	Mein Job ermöglicht es mir, meine Fähigkeiten zu nutzen und beizutragen. Ich bin dankbar für die Erfüllung und Sicherheit, die er mir bietet.
		Ich bin dankbar für die Flexibilität meines Jobs, die es mir ermöglicht, Arbeit und Privatleben in Einklang zu bringen.
	Familie	Ich bin dankbar für die Geborgenheit und den Zusammenhalt in meiner Familie, die mir auch in herausfordernden Zeiten Halt und Stärke verleiht.

		Für die Traditionen und gemeinsamen Erlebnisse, die unsere Familienbande stärken und unzählige unvergessliche Momente schaffen, bin ich unendlich dankbar.
	Freunde	Meine Freunde bereichern mein Leben auf so viele Arten. Ich bin dankbar für ihre Loyalität, Freundschaft und die schönen Momente, die wir teilen.
		Ich bin unendlich dankbar für die Loyalität und das Vertrauen, das meine Freunde mir entgegenbringen, es stärkt mein Selbstwertgefühl und mein Vertrauen ins Leben.
	Natur	Draußen in der Natur finde ich Frieden und Erneuerung. Ich bin dankbar für die Schönheit und Harmonie, die sie in mein Leben bringt.
		Ich bin zutiefst dankbar für das frische Grün der Bäume und Pflanzen, das nicht nur meine Augen, sondern auch meine Seele nährt.
	Kreativität	Ich bin dankbar für die kreativen Einsichten und Inspirationen, die mir heute gekommen sind, sie bereichern mein Leben und eröffnen mir neue Perspektiven.

		Die Möglichkeit, meine Gedanken und Gefühle in kreative Projekte umzusetzen, erfüllt mich mit Dankbarkeit und verleiht meinem Leben Tiefe und Farbe.
	Freizeit	Ich schätze die ruhigen Momente der Entspannung und Erholung. Sie sind für mich eine Quelle der Erneuerung und des Wohlbefindens.
		Das frische Obst und Gemüse, das ich heute genossen habe, erfüllt mich mit Dankbarkeit für die Natur und ihre wunderbaren Geschenke an uns.
	Lebensmittel	Jede Mahlzeit ist eine Gelegenheit, Dankbarkeit für die Fülle und Nährstoffe zu empfinden, die sie meinem Körper bietet.
		Ich bin dankbar für die Vielfalt und Fülle an Lebensmitteln, die mir zur Verfügung stehen, und ermöglichen mir, jeden Tag nahrhafte und schmackhafte Mahlzeiten zu genießen.
	Überraschungen	Ich bin heute dankbar für eine unerwartete Nachricht von einem alten Freund, die mein Herz mit Freude erfüllt hat.

		Das Leben bringt oft unerwartete Wunder mit sich, und ich bin dankbar für jede Überraschung, die meine Tage heller und interessanter macht.
	<u>Neue Dinge gelernt</u>	Lernen erweitert meinen Horizont und bereichert mein Leben. Ich bin dankbar für jede neue Erkenntnis und Fähigkeit, die ich erwerbe.

Dies ist lediglich eine inspirierende Vorlage für ein Dankbarkeitstagebuch. Sie haben die Freiheit, es individuell zu gestalten, indem Sie Details erweitern oder reduzieren und es mit Fotos oder Zeichnungen personalisieren. Das Wesentliche ist, dass Sie sich täglich einen Moment Zeit nehmen, um innezuhalten und Ihre Dankbarkeit für die verschiedenen Aspekte Ihres Lebens zu reflektieren.

Kapitel 8
Bewegung und Gesundheit

Der Zusammenhang zwischen körperlicher Bewegung und geistiger Gesundheit ist tiefgreifend und doch oftmals unterschätzt. In unserer Suche nach innerem Frieden und mentaler Stabilität kann der Schlüssel zu Ausgeglichenheit und Wohlgefühl im Wesen unserer eigenen körperlichen Existenz verborgen liegen.

Unser Körper ist nicht nur ein Gefäß, das unseren Geist beherbergt. Es ist ein dynamisches, reaktives und empfindungsfähiges System, das in ständiger Wechselwirkung mit unseren mentalen und emotionalen Zuständen steht. Es gibt eine bidirektionale Kommunikation: So wie unser Geist unseren Körper beeinflussen kann, kann unser Körper ebenso auf unseren Geist einwirken.

Wenn wir uns bewegen, wird eine Kaskade von chemischen Reaktionen im Körper ausgelöst. Endorphine, oft als "Glückshormone" bezeichnet, werden freigesetzt und fördern ein Gefühl des Wohlbefindens und der Zufriedenheit. Diese natürlichen Chemikalien sind leistungsstarke Antidote gegen Stress, Angst und Depression.

Über die emotionale Landschaft hinaus bietet Bewegung auch kognitive Vorteile. Sie schärft unseren Fokus, verbessert unsere Gedächtnisfunktionen und fördert unsere kreative Denkfähigkeit. In einem Zustand regelmäßiger körperlicher Betätigung finden wir, dass unser Geist klarer, agiler und dynamischer wird.

Die Einbindung von Bewegung in unser tägliches Leben muss nicht kompliziert oder überwältigend sein. Es geht nicht darum, extreme körperliche Leistungen zu erbringen, sondern vielmehr darum, eine konstante Praxis der körperlichen Betätigung zu entwickeln, die zu unserem Lebensstil passt. Dies könnte ein täglicher Spaziergang, Yoga, Tanzen oder jede Form von Bewegung sein, die Freude bereitet.

Jede Person ist einzigartig, und somit ist auch der Weg, wie Bewegung in das individuelle Leben integriert wird, persönlich und individuell. Es geht darum, eine Balance zu finden, die sowohl den Körper als auch den Geist ehrt und nährt.

Die holistische Perspektive

Die Einsicht in die tiefe Verflechtung von Geist und Körper bringt eine Welle der Transformation in der Welt der Medizin und Psychologie mit sich.

Der holistische Ansatz, der Geist, Körper und sogar die Seele als ein integriertes System sieht, gewinnt an Boden. Hier ist keine Entität der anderen überlegen oder isoliert; vielmehr arbeiten sie zusammen, beeinflussen einander und schaffen das komplexe, dynamische Wesen, das wir sind.

Molekularbiologie, Psychoneuroimmunologie und andere sich überschneidende Disziplinen bringen immer mehr Beweise dafür, dass unser emotionaler, mentaler Zustand unsere Zellbiologie, Immunfunktion und letztendlich unsere gesamte Gesundheit und Lebensqualität beeinflusst. Emotionen wie Liebe, Freude, Dankbarkeit und Frieden fördern die Homöostase und die Heilung, während Angst, Wut und Negativität biochemische Reaktionen hervorrufen, die zu Entzündungen und Krankheiten führen können.

Techniken wie Meditation, Yoga, Tai Chi und achtsame Bewegung sind Mittel, um die Verbindung zwischen Geist und Körper zu stärken und zu nähren. Sie sind Brücken, die die künstliche Kluft zwischen diesen beiden Aspekten unseres Seins überwinden. Durch solche Praktiken lernen wir, unsere Gedanken, Emotionen und körperlichen Empfindungen als einen harmonischen Fluss der Existenz zu erkennen.

Wenn wir den Körper pflegen, ehren und ihm Aufmerksamkeit schenken, senden wir gleichzeitig Nährstoffe, Liebe und Heilung an den Geist und die Seele. Es ist ein Kreislauf der Erneuerung, der nicht nur die individuelle Gesundheit, sondern auch das kollektive Wohlbefinden fördert.

In einer Gesellschaft, die oft zum Extrem tendiert – sei es durch übermäßige Betonung des Intellekts oder durch die Obsession mit physischer Erscheinung – öffnet uns die Wiederentdeckung der Geist-Körper-Verbindung für ein ausgewogeneres, integriertes und erfülltes Leben.

Der Weg zur wahren Gesundheit und zum Wohlbefinden liegt in der Harmonisierung der dynamischen Interaktion zwischen Geist und Körper. Es ist ein Tanz der Energien, ein Dialog zwischen den sichtbaren und unsichtbaren Aspekten unseres Seins. Indem wir die Weisheit unseres Körpers ehren und die Macht unseres Geistes anerkennen, treten wir in einen Raum des Gleichgewichts und der Harmonie ein, der die Grundlage für ultimatives Wohlbefinden und menschliche Blüte bildet.

Körperliche Betätigung als "geistige Reinigung"

In der heutigen, rasanten Welt sind wir kontinuierlich äußeren Reizen ausgesetzt: Unzählige Benachrichtigungen, E-Mails und sowohl soziale als auch berufliche Verpflichtungen beherrschen unseren Alltag. Diese konstante Informationsüberflutung kann leicht zu einer Akkumulation von Gedanken, Ängsten und Sorgen führen. Wenn diese nicht adäquat verarbeitet werden, entstehen häufig destruktive Gedankenspiralen. Hier kommt die körperliche Bewegung ins Spiel, die als Mittel zur "geistigen Reinigung" fungieren kann. Sie schafft Raum für mehr Klarheit und Konzentration und fördert die Ausschüttung von Gehirnchemikalien wie Serotonin und Dopamin, welche entscheidend für Stimmungsregulation und kognitive Aktivitäten sind.

Während körperlicher Betätigung werden zudem Neurotransmitter wie Endorphine freigesetzt, die gemeinhin als "Glückshormone" bekannt sind. Diese wirken wie ein natürlicher Balsam für die Seele, lindern Stress- und Angstsymptome und vermitteln ein Gefühl von Wohlbefinden.

Jenseits der biochemischen Effekte stellt Bewegung auch eine Gelegenheit dar, „Meditation in Bewegung" zu praktizieren. Aktivitäten wie Laufen, Schwimmen oder jegliche Form von Sport können uns oft in einen Zustand des „meditativen Flusses" versetzen. Es handelt sich dabei um einen psychologischen Zustand, in dem wir vollständig in unsere aktuelle Tätigkeit eintauchen und das Gefühl für Zeit und Raum verlieren. In diesem Zustand der Vertiefung und Konzentration wird der Geist ruhig, und der Lärm des Alltags – die unaufhörliche Flut von Gedanken und Ablenkungen – wird gedämpft.

Diese Form der Meditation in Bewegung ist nicht nur eine Quelle der mentalen Entlastung, sondern auch ein Weg zur Verbindung mit dem inneren Selbst. In diesem Moment der Präsenz und der erhöhten Bewusstheit können wir uns von der Hektik des Lebens lösen und einen Zustand des inneren Friedens und der Klarheit erreichen.

Die Vorteile der „geistigen Reinigung" durch Bewegung sind vielfältig und tiefgreifend. Sie reichen von der verbesserten emotionalen Resilienz über erhöhte kognitive Leistung bis hin zur geförderten psychischen Gesundheit. In einer Welt, die von Komplexität, Informationsüberflutung und ständigen Anforderungen geprägt ist, erweist sich die körperliche Bewegung als eine der wirkungsvollsten Ressourcen, um das geistige Gleichgewicht wiederherzustellen und zu bewahren.

Wie man Bewegung in den Tagesablauf einbaut

Die Integration regelmäßiger Bewegung in den Alltag kann eine Herausforderung darstellen, ist jedoch essentiell, um sowohl körperliche als auch mentale Gesundheit zu fördern.

Hier sind einige angepasste und erweiterte Strategien, wie Sie Bewegung effektiv in Ihre tägliche Routine einbauen können.

Sehen Sie Bewegung nicht als Last oder Pflicht, sondern als eine Gelegenheit zur Selbstpflege. Wählen Sie Aktivitäten, die Ihnen Freude bereiten und die sowohl den Körper als auch den Geist bereichern. Es könnte so einfach sein wie ein täglicher Spaziergang, Yoga oder ein Tanzkurs. Der Fokus sollte auf der Konsistenz liegen, wählen Sie also Aktivitäten, die nachhaltig und langfristig durchführbar sind.

Planen Sie gezielt Zeiten für körperliche Aktivitäten ein, basierend auf Ihren Energielevel zu verschiedenen Tageszeiten. Bleiben Sie dabei flexibel, denn die Unvorhersehbarkeit des Lebens erfordert Anpassungsfähigkeit. Das Ziel ist, Bewegung als eine Priorität zu betrachten, ohne dass sie Stress oder Schuldgefühle verursacht.

Wenn Sie nach einer Pause wieder mit dem Training beginnen, starten Sie langsam, um den Körper anzupassen und Überanstrengung oder Verletzungen zu vermeiden. Der Fokus auf schrittweise Steigerung der Intensität und Dauer fördert die Nachhaltigkeit des Trainings.

Holen Sie sich Unterstützung, sei es durch Freunde, Familie oder professionelle Trainer. Die Gemeinschaft kann Motivation, Verantwortung und ein Element des Spaßes hinzufügen.

<u>Konkrete Strategien zur Integration von Bewegung:</u>

1. *Morgendliche Routinen*: Wenn Sie morgens energiegeladen sind, integrieren Sie Bewegungssequenzen in Ihre morgendliche Routine. Ein kurzes Workout oder ein Spaziergang können den Ton für den Tag angeben.

2. *Arbeitspausen nutzen*: Nutzen Sie Pausen während der Arbeitszeit für kurze Spaziergänge oder Dehnübungen, um den Geist zu erfrischen und den Körper zu aktivieren.

3. *Familien- und Freundesaktivitäten*: Verwandeln Sie gesellschaftliche Zusammenkünfte in aktive Treffen, etwa durch Spaziergänge, gemeinsame Workouts oder sportliche Aktivitäten.

4. _Abendliche Wind-Down-Routinen_: Integrieren Sie entspannende körperliche Aktivitäten wie Yoga oder Pilates in Ihre abendliche Routine, um den Tag ausklingen zu lassen und die Schlafqualität zu verbessern.

5. _Technologie zu Ihrem Vorteil nutzen_: Apps und Online-Plattformen bieten flexible Optionen für geführte Workouts, die Sie jederzeit und überall durchführen können.

Die Einführung von Bewegung in den Alltag ist weniger über die Intensität oder die Art der Aktivität, sondern mehr über die Regelmäßigkeit und das Engagement. Mit der richtigen Einstellung und Strategien wird Bewegung zu einem integralen und bereichernden Teil des Lebens, der sowohl körperliche Vitalität als auch geistige Klarheit fördert.

Kapitel 9
Aufbau eines Unterstützungsnetzes

In einer Welt, die den Fokus auf Selbstständigkeit und Unabhängigkeit legt, wird oft vergessen, dass zwischenmenschliche Beziehungen und soziale Netzwerke entscheidend für unser psychisches Wohlbefinden sind. Die Qualität und Stärke dieser Netzwerke können das Fundament bilden, auf dem unsere mentale Gesundheit und Resilienz ruht.

Ein robustes soziales Netzwerk ist nicht nur ein Mittel zur Bereicherung unseres Lebens. Es dient auch als emotionale Stütze, informiert und berät in komplexen Lebenssituationen und bietet praktische Hilfe in Zeiten der Not. Es ist weniger eine Option als vielmehr ein notwendiger Pfeiler für ein ausgeglichenes, erfülltes Leben.

Ein effektives Unterstützungsnetzwerk zeichnet sich nicht nur durch seine Größe aus. Es geht vielmehr um die Tiefe und Qualität der Beziehungen. Authentizität, Vertrauenswürdigkeit und gegenseitige Unterstützung sind die Schlüsselmerkmale, die solch ein Netzwerk charakterisieren.

Die richtigen Leute finden

Das psychische Wohlbefinden hängt stark von den umgebenden sozialen Strukturen und Beziehungen ab. In einem Kontext, in dem Überdenken allgegenwärtig ist, gewinnt ein durchdachtes, stabiles Unterstützungsnetz an unvergleichlicher Bedeutung.

Der Prozess der Netzwerkbildung ist alles andere als zufällig oder oberflächlich. In einem Zeitalter, in dem digitale Beziehungen und Social Media "Likes" oft die Norm darstellen, gilt es, den Wert tiefgründiger, authentischer Verbindungen zu erkennen und zu schätzen. Nicht jede Verbindung ist konstruktiv; manche können sich sogar destruktiv auf unsere mentale Gesundheit auswirken.

Die Aufnahme von Individuen in unser Unterstützungsnetzwerk erfordert eine wohlüberlegte Analyse und eine intuitive Sensibilität. Es beginnt mit der Identifikation von gemeinsamen Werten und Zielen, die eine robuste Basis für eine aufrichtige Verbindung bilden können. Es geht um mehr als gemeinsame Interessen – es geht um die Verbindung auf einer Ebene der Lebensperspektiven, ethischen Normen und persönlichen Entwicklung.

In einer Welt, in der die digitale Kommunikation oft an der Oberfläche kratzt, ist die Kultivierung tiefer, bedeutsamer menschlicher Verbindungen ein entscheidender Schritt auf dem Weg zu einem mental balancierten Leben. Ein solches Netzwerk ist nicht nur ein Refugium der Unterstützung, sondern auch ein Raum, in dem Wachstum, Inspiration und gegenseitige Bereicherung blühen. Jede Beziehung sollte sorgsam gepflegt werden, basierend auf den Grundsätzen der Empathie, Verlässlichkeit und ausgewogenen Gegenseitigkeit.

Offen kommunizieren

Die Fähigkeit, offen zu kommunizieren, ist ein integraler Bestandteil des Aufbaus und der Pflege eines effektiven Unterstützungsnetzwerks. In einer Welt, die oft von Emotionen, Vorurteilen und unausgesprochenen Erwartungen überflutet wird, stellt die offene Kommunikation eine Brücke dar, die die Lücken zwischen den Individuen überbrückt und authentische, tiefgreifende Verbindungen ermöglicht.

In diesem Kontext wird die Verletzlichkeit nicht als Schwäche, sondern als Ausdruck von Stärke und Selbstvertrauen begriffen. Indem wir unsere innersten Gedanken, Gefühle und Ängste offenlegen, schenken wir anderen nicht nur unser Vertrauen, sondern ermöglichen auch ein tieferes Verständnis und eine stärkere

Unterstützung. Dies ist ein Prozess der beidseitigen Offenbarung und des Teilens.

Die Kommunikation ist jedoch nicht einseitig. Sie ist ein dialogischer Prozess, bei dem das aktive Zuhören eine zentrale Rolle spielt. Dies beinhaltet eine vollständige Präsenz, ein empathisches Eintauchen in die Erfahrungen des anderen und eine aufmerksame, respektvolle Reaktion. Jedes Wort, jede Emotion und jedes unausgesprochene Gefühl wird wahrgenommen und anerkannt.

Transparenz ist ein weiteres Schlüsselelement der offenen Kommunikation. Sie fordert den Mut, sich in seiner Ganzheit zu zeigen – mit allen Stärken, Schwächen, Erfolgen und Misserfolgen. Diese ungeschminkte Ehrlichkeit legt das Fundament für ein tiefes, gegenseitiges Vertrauen. Es ist eine Einladung zur Authentizität und zum ehrlichen, urteilsfreien Austausch.

Dennoch ist die Transparenz nicht ohne Herausforderungen. Die Angst vor Ablehnung, Urteil oder Verletzung kann ein Hindernis darstellen. Doch in dieser Verwundbarkeit – in diesen Momenten des Zögerns und der Angst – liegt auch eine enorme Chance. Die Bereitschaft, sich auch in unsicherem Terrain authentisch zu zeigen, kann den Weg für tiefere, bereichernde und heilende Beziehungen ebnen.

Aufrechterhaltung und Pflege des Unterstützungsnetzes

Ein solides Unterstützungsnetzwerk zu haben ist wie ein Garten voller blühender Pflanzen. Es wurde mit Sorgfalt gepflanzt, und genau wie dieser Garten benötigt es regelmäßige Pflege, um zu blühen und Früchte zu tragen. Der Unterschied: Statt Wasser, Licht und Nährstoffen braucht dieses menschliche Netzwerk Zeit, Aufmerksamkeit und Engagement.

Es ist unerlässlich, für andere da zu sein, nicht nur, wenn die Dinge schwierig sind, sondern auch in den alltäglichen Momenten des Lebens. Beziehungen sind wie Seiltänze - es ist ein Balanceakt zwischen Geben und Nehmen. Wenn diese Balance erreicht wird, verstärkt sich die Bindung, und ein tieferes Gefühl des Vertrauens und der Sicherheit entwickelt sich.

Da sich das Leben ständig ändert, muss die Beziehungsfähigkeit zur Anpassung vorhanden sein. Es ist wichtig, mit Veränderungen in der Dynamik oder den Umständen einer Beziehung umgehen zu können. Dies kann bedeuten, sich neu auszurichten, Grenzen zu setzen oder zu ändern und kontinuierlich miteinander zu kommunizieren.

Es ist wichtig, von Zeit zu Zeit innezuhalten und zu reflektieren, ob die Unterstützung, die wir von unserem Netzwerk erhalten, nach wie vor unseren Bedürfnissen entspricht. Ist eine Beziehung nährend oder drainierend geworden? Hat sich die Dynamik auf eine Weise verändert, die uns nicht mehr dient? Solche Fragen helfen uns, sicherzustellen, dass unser Unterstützungsnetzwerk weiterhin positiv und gesund bleibt.

Kapitel 10
Langfristiger Wandel aufrechterhalten

Persönliches Wachstum ist ein fortlaufender Prozess, und eine oft unterschätzte Herausforderung ist die nachhaltige Beibehaltung positiver Veränderungen. Es ist eine natürliche Versuchung, nach Erreichen eines bestimmten Erfolgsniveaus nachzulassen, in der Annahme, der „Job sei erledigt". In der Realität bedarf die Konsolidierung erzielter Veränderungen einer anhaltenden Anstrengung und spezieller Strategien, die sich von den initialen Veränderungsbemühungen unterscheiden.

Ein erster kritischer Punkt ist das Konzept der psychologischen Homöostase. „Homöostase", ein Begriff, der seinen Ursprung in der Biologie hat, bezieht sich auf die Fähigkeit eines Organismus, eine konstante interne Balance zu bewahren, ungeachtet externer Veränderungen. In psychologischer Hinsicht repräsentiert es die Neigung des Geistes, an bestehenden Denk- und Verhaltensmustern festzuhalten, insbesondere während stressiger oder unsicherer Zeiten. Diese Neigung kann zu einem erheblichen Hindernis auf dem Weg zu tiefgreifenden persönlichen Veränderungen werden. Wenn zum Beispiel eine Person daran gearbeitet hat, optimistischere Denkmuster zu entwickeln, können unter Stress alte, negative Denkgewohnheiten wieder aufkommen. Dies ist der Punkt, an dem die psychologische Homöostase die Person dazu drängt, zu dem zurückzukehren, was vertraut und bequem ist, anstatt was neu und gesund ist.

Der Kampf gegen die psychologische Homöostase erfordert eine diversifizierte Strategie. Ein Ansatz besteht darin, neue emotionale und verhaltensbezogene „Referenzpunkte" zu etablieren.

Diese fungieren als Alternativen zu den etablierten Mustern, die unter Stressbedingungen aktiviert werden und unterstützen dabei, Rückfälle in alte Verhaltensweisen zu verhindern.

Ein weiterer entscheidender Faktor im Prozess der nachhaltigen Veränderung ist das Identitätsmanagement.

Dies ist ein dynamischer Prozess, der die Konstruktion, Pflege und Anpassung unserer individuellen Narrative involviert, gesättigt mit Glaubenssätzen, Werten und Erwartungen, die unsere Selbstwahrnehmung und unser Verhalten prägen.

Wenn wir signifikante Veränderungen in unserem Leben vornehmen, ist eine entsprechende Anpassung unserer persönlichen Narrative unabdingbar. Andernfalls kann es zu kognitiver Dissonanz kommen, einem Zustand, in dem unser Verhalten und unsere Ziele nicht mit unserer Selbstwahrnehmung kongruent sind. Dies kann Angst und Stress verursachen und die Aufrechterhaltung langfristiger Veränderungen erschweren.

Eine Schlüsselstrategie zur Aufrechterhaltung des Wandels ist die „regelmäßige Überprüfung". Sie ermöglicht es, den erreichten Fortschritt zu bewerten und potenzielle Verbesserungsbereiche zu identifizieren. Sie ist ein integraler Bestandteil des Prozesses für jeden, der sich auf einem Pfad der Veränderung und des persönlichen Wachstums befindet, und ist entscheidend, um Fortschritte zu konsolidieren und Rückfälle zu vermeiden, insbesondere bei komplexen Herausforderungen wie der Bewältigung von Überdenken oder der kognitiven Umstrukturierung.

<u>So führen Sie eine effektive periodische Überprüfung durch</u>:

1. *Ihren aktuellen Zustand einschätzen*: Machen Sie Gebrauch von Werkzeugen wie Tagebüchern oder Fragebögen und ziehen Sie das Feedback von vertrauenswürdigen Personen heran.

2. *Die bisherigen Veränderungen reflektieren*: Nach Ihrer Selbstbewertung, nehmen Sie sich Zeit, um die Entwicklung und Transformationen, die Sie bisher durchlaufen haben, zu analysieren und zu verstehen.

3. _Neue Ziele und Pläne für die Zukunft festlegen_: Basierend auf Ihren Erkenntnissen, formulieren Sie klare Ziele und entwickeln Sie einen detaillierten Plan, um diese zu erreichen.

4. _Anpassung Ihrer Einstellung und Strategien_: Wenn Sie bemerken, dass bestimmte Ansätze nicht effektiv sind, ist es Zeit, Ihre Strategien und Herangehensweisen zu überdenken und anzupassen.

Im Verlauf Ihrer persönlichen Transformation werden unweigerlich unvorhergesehene Herausforderungen auftreten. Die Fähigkeit, Ihre Strategien flexibel anzupassen, ist entscheidend, um diese Herausforderungen erfolgreich zu meistern. Dies ist ein zentrales Element der Nachhaltigkeit.

Nachhaltigkeit bedeutet, ein Gleichgewicht von Wohlbefinden, Fortschritt und Stabilität zu bewahren, ohne mentale, emotionale oder physische Ressourcen zu überstrapazieren. Es geht darum, ein beständiges Tempo zu wahren, das ermöglicht, positive Veränderungen nicht nur vorübergehend zu erleben, sondern dauerhaft zu integrieren.

Oftmals sind wir geübt darin, neue Projekte oder Veränderungsinitiativen zu starten, aber finden es herausfordernd, diese über die Langstrecke beizubehalten. Hier kommt die Nachhaltigkeit ins Spiel – ein Schlüsselkonzept, das die Langlebigkeit und Beständigkeit unserer Bemühungen sichert. Ohne Fokus auf die Nachhaltigkeit sind Rückschläge, Erschöpfung oder der Verlust der Motivation unvermeidlich, was die erzielten Erfolge rasch zunichtemachen kann.

Wie können wir die Nachhaltigkeit auf unserem Veränderungspfad fördern? Hier sind einige grundlegende Prinzipien:

1. <u>Harmonie herstellen</u>: Ein ausgewogenes Verhältnis zwischen allen Lebensbereichen, einschließlich Gesundheit, Beziehungen, Beruf und persönlicher Entwicklung, ist fundamental. Eine Vernachlässigung eines Bereichs auf Kosten eines anderen kann die Beständigkeit der erreichten Veränderungen untergraben.

2. <u>Ressourcenmanagement</u>: Ein bewusstes Erkennen und geschicktes Managen sowohl innerer (wie Energie und Motivation) als auch äußerer Ressourcen (wie Zeit und soziale Unterstützung) ist entscheidend.

3. Flexibilität – der Fähigkeit, Pläne, Ziele und Reaktionen dynamisch an neue Informationen, Herausforderungen und Möglichkeiten anzupassen – ist zentral. Dies übersteigt das bloße Offen sein für Veränderungen und beinhaltet eine schnelle und effiziente Bewertung und Reaktion auf jede gegebene Situation. In der Reise der Selbsttransformation sind selten alle Schritte voraussehbar. Unerwartete Herausforderungen, wie externe Belastungen, Veränderungen in Beziehungen oder persönliche Entdeckungen, können ein Neuordnen der Ziele erforderlich machen. Strategische Flexibilität erlaubt uns, diese Unwägbarkeiten zu meistern, ohne den Kurs zu verlieren.

4. <u>Selbstpflege</u>: Dieser Aspekt ist ein Kernstück der Nachhaltigkeit. Er umfasst die Fürsorge für jede Facette unseres Seins, von der körperlichen bis zur geistigen Gesundheit. Dies kann durch Praktiken wie Achtsamkeit, Bewegung, sowie Momente der Entspannung und Reflexion unterstützt werden.

5. <u>Monitoring und Bewertung</u>: Regelmäßige Überprüfungen und Einschätzungen des Fortschritts sind unerlässlich für jedes längerfristige Engagement oder Projekt.

Diese Checkpoints erlauben eine genaue Beurteilung des Weges, Hervorhebung von Erfolgen und Identifizierung von Bereichen, die Anpassung oder Verstärkung benötigen.

Planung und Zielsetzung

Planung und Zielsetzung bilden das Rückgrat für dauerhafte Erfolge und Fortschritte. Sie fungieren als Anker, der uns sicher durch das stürmische Meer des täglichen Lebens und seiner unzähligen Ablenkungen navigiert.

Planung geht weit über eine To-Do-Liste oder ein einfaches Organisieren von Aufgaben hinaus. Sie ist ein strategischer und dynamischer Prozess, der eine introspektive Auseinandersetzung mit sich selbst und eine kristallklare Vision der angestrebten Zukunft erfordert.

In der Planungsphase sind wir Schöpfer unseres Schicksals, Gestalter unserer Zukunft, und berücksichtigen dabei die verfügbaren Ressourcen und potenziellen Hürden.

Ziele sind die funkelnden Sterne am Horizont unseres Lebensweges, die uns leiten und motivieren. Sie sind jedoch nicht in Stein gemeißelt, sondern erfordern ein starkes "Warum" - die tiefe, innere Überzeugung und Motivation, die uns auch in stürmischen Zeiten auf Kurs hält. Dieses "Warum" ist der Motor unseres Fortschritts, der uns mit unerschütterlicher Entschlossenheit ausstattet.

Unsere Ziele, so klar und fokussiert sie auch sein mögen, sind nicht immun gegen die unerwarteten Windungen des Schicksals.

Hier wird die Fähigkeit zur Anpassung und Neujustierung zu einem unverzichtbaren Vermögen. Sie ermöglicht es uns, flexibel und reaktionsfreudig zu bleiben und gleichzeitig unsere innere Balance und unser Wohlbefinden zu wahren.

In der Verschmelzung von Planung und Zielsetzung liegt ein kraftvolles Instrument für nachhaltige Veränderung und Fortschritt. Sie sind nicht nur Wegweiser, sondern auch Quellen der Inspiration, die uns befähigen, das unbekannte Terrain der Zukunft mit Zuversicht und Klarheit zu betreten.

In der Dualität von Struktur und Flexibilität, Planung und Anpassungsfähigkeit, entfaltet sich die volle Bandbreite menschlichen Potenzials und kreativer Ausdruckskraft. Dieser wohlüberlegte Tanz zwischen Struktur und Flexibilität ebnet den Weg für ein erfülltes Leben, in dem Veränderungen nicht nur temporär sind, sondern tiefe, dauerhafte Transformationen ermöglichen.

Kleine Siege feiern: Eine Ode an die unscheinbaren Triumphe

In der schwindelerregenden Jagd nach Großartigkeit und monumentalen Errungenschaften vernachlässigen wir allzu oft die leisen, bescheidenen Triumphe, die unseren Alltag säumen. Doch gerade diese unscheinbaren Erfolge bilden das Fundament, auf dem sich unser Selbstwertgefühl, unsere Zufriedenheit und unser Fortschritt gründen.

Kleine Siege sind mehr als nur marginal notierte Fußnoten auf den Seiten unseres Lebens. Sie sind der leise, doch beharrliche Puls des Fortschritts, der Widerstandsfähigkeit und des persönlichen Wachstums.

Ob es das Abarbeiten einer hartnäckigen To-Do-Liste ist, ein Moment der Geduld inmitten des Sturms oder die bewusste Entscheidung, Dankbarkeit in Zeiten der Herausforderung zu pflegen - jeder dieser Siege verkörpert ein Kapitel unserer ungeschriebenen Odyssee.

Das Feiern kleiner Siege erfordert keine pompösen Gesten oder extravaganten Zeremonien. Die wahre Magie entfaltet sich in der stillen Anerkennung, in dem Moment des Innehaltens, wo wir die Subtilität unseres Fortschritts mit Anmut umarmen. Es ist ein Akt der Selbstliebe, der Zärtlichkeit und des Respekts gegenüber der Reise, auf der wir uns befinden.

Das Zelebrieren kleiner Siege ist kein Ausdruck von Selbstverherrlichung, sondern ein intimes Ritual der Wertschätzung. Es ist eine bewusste Handlung, die die Räume zwischen unseren Atemzügen mit Bedeutung füllt, die uns erdet und darauf vorbereitet, mit erneuerter Vitalität und Klarheit in die kommenden Kapitel unseres Lebens zu schreiten.

Wenn Sie also das nächste Mal vor einem bescheidenen Triumph stehen, zögern Sie nicht, innezuhalten und ihn zu würdigen. Ermöglichen Sie sich diesen Moment der Stille, der Anerkennung und des Respekts für die Schritte, die Sie gegangen sind.

In diesen flüchtigen Momenten der Anerkennung weben wir das bunte Tapestry unseres Daseins, gefüllt mit den leisen, doch unauslöschlichen Markierungen unserer Reise.

Jeder kleine Sieg, jede unscheinbare Errungenschaft, ist ein Echo der Unendlichkeit unseres Werdens, ein stilles Lied des Triumphs im unermesslichen Ozean des Lebens.

Schlussfolgerungen

In den Seiten dieses Buches haben wir uns gemeinsam auf eine tiefgreifende Reise des Selbstverständnisses begeben, um die Facetten des Überdenkens zu erkunden. Wir sind in die Tiefen seiner Entstehung getaucht, haben seine Konsequenzen untersucht und uns mit den wirksamsten Wegen zur Überwindung dieser oft lähmenden Gewohnheit vertraut gemacht.

Was jedoch als zentraler Tenor durch unser Abenteuer schimmert, ist die kraftvolle Idee, dass Erkenntnis allein nicht ausreicht. Sie dient nur als Grundlage. Das wirkliche Wunder geschieht, wenn Erkenntnis in tatkräftiges Handeln übersetzt wird.

Das Leben, in all seiner Unberechenbarkeit, wird immer wieder Prüfungen und Turbulenzen mit sich bringen. Überdenken mag in solchen Zeiten wieder in den Vordergrund treten, mit seiner altbekannten Melodie der Zweifel und Ängste. Doch erinnern Sie sich daran, dass Wachstum oft in Zyklen und nicht in einer geraden Linie geschieht. Manchmal kann es sich so anfühlen, als würden wir zwei Schritte vorwärts und einen zurück gehen. Doch selbst in diesem Tanz des Vorwärts und Rückwärts liegt Fortschritt.

Es geht nicht darum, Perfektion zu erreichen, sondern darum, ständig auf das Bestreben nach Verbesserung ausgerichtet zu sein, auf das Streben, die beste Version von uns selbst zu werden.

Jeder Rückschlag, jedes Hindernis, jede erkannte und überwundene Schwierigkeit formt die Konturen einer reicheren, tieferen menschlichen Erfahrung.

Das Wichtigste dabei ist, sich immer wieder daran zu erinnern, dass Sie nicht alleine sind. In einer Welt, die manchmal isolierend und überwältigend erscheinen mag, gibt es immer Unterstützung, ob in Form von geliebten Menschen, Ressourcen oder der Weisheit, die in Büchern wie diesem geteilt wird.

Ich danke Ihnen von Herzen, dass Sie mich auf dieser Entdeckungsreise begleitet haben. Ich hoffe, dass Sie, bewaffnet mit den Werkzeugen und Strategien, die Sie erworben haben, den Mut finden, die Schritte zu unternehmen, die zu einem erfüllteren, bewussteren und zufriedeneren Leben führen.

Die Reise endet hier nicht; sie beginnt gerade erst. Seien Sie mutig, seien Sie achtsam, und vor allem: Glauben Sie an sich selbst und die endlose Fähigkeit zur Veränderung, die in Ihnen ruht.

Erste-Hilfe-Kasten
Übungen und Techniken für einen klaren Kopf

Die "Freeze Frame"-Übung

Diese Technik eignet sich ausgezeichnet, um belastende oder zwanghafte Gedanken zu unterbrechen und den Fokus auf positivere und konstruktivere Denkmuster zu lenken.

<u>Dauer</u>: Ca. 10 Minuten

1. Vorbereitung:

- Finden Sie einen ruhigen Platz. Setzen Sie sich auf einen Stuhl, platzieren Sie die Füße fest auf dem Boden und legen Sie die Hände entspannt auf die Oberschenkel.

- Schließen Sie die Augen und konzentrieren Sie sich einige Momente lang auf Ihre Atmung, um zur Ruhe zu kommen.

2. Negatives Denken identifizieren:

- Rufen Sie sich einen negativen oder zwanghaften Gedanken ins Bewusstsein, der Sie kürzlich belastet hat. Visualisieren Sie diesen Gedanken als Bild auf einem inneren Bildschirm.

3. Das Bild einfrieren:

- Stellen Sie sich vor, in der Hand eine Fernbedienung zu halten. Drücken Sie die Pausetaste und lassen Sie das belastende Bild einfrieren. Betrachten Sie es und nehmen Sie jedes Detail in sich auf.

4. Bild verändern:

- Mit Ihrer "mentalen Fernbedienung" beginnen Sie nun, das Bild zu bearbeiten. Sie könnten die Farben abmildern oder es in Schwarz-Weiß verwandeln, die Konturen unscharf machen oder die Größe anpassen.

- Fügen Sie humorvolle oder absurde Elemente hinzu. Der Gedanke könnte einen komischen Hut tragen oder einen ungeschickten Tanz aufführen, um seine Intensität und seinen Einfluss auf Sie zu mindern.

5. Bild ersetzen:

- Drücken Sie die "Löschen"-Taste auf Ihrer mentalen Fernbedienung, um das belastende Bild verschwinden zu lassen. Ersetzen Sie es durch ein ermutigendes oder beruhigendes Bild. Das kann eine erfreuliche Erinnerung, ein geliebter Ort oder eine Szenerie sein, die Ruhe und Ausgeglichenheit fördert.

6. Verankerung:

- Während das positive Bild präsent ist, berühren Sie Daumen und Zeigefinger leicht aneinander. Dieser physische Kontakt dient als "Anker" zur schnellen Wiederherstellung dieser positiven Emotion in der Zukunft.

7. Rückkehr zur Realität:

- Richten Sie Ihre Aufmerksamkeit schrittweise wieder auf Ihre Umgebung. Beginnen Sie mit Ihrer Atmung, nehmen Sie die Geräusche um Sie herum wahr und spüren Sie den Kontakt Ihrer Füße mit dem Boden und Ihrer Hände mit den Oberschenkeln.

- Öffnen Sie die Augen langsam und kehren Sie ins Hier und Jetzt zurück.

Reflektieren Sie kurz Ihre Gefühle nach dieser Übung. Mit regelmäßiger Praxis wird es Ihnen leichter fallen, belastende Gedanken zu unterbrechen und durch positive Impressionen zu ersetzen. Ihr "Anker" steht Ihnen jederzeit zur Verfügung, wenn Sie ein Bedürfnis nach dieser Ruhe und Positivität im Alltag verspüren.

Die Technik des "Szenenwechsels"

Diese Methode dient dazu, belastende Gedanken zu unterbrechen, indem sie den Geist mit einer alternativen, positiven "Szene" beschäftigt. Vergleichbar ist das mit einem Kanalwechsel im Fernsehen: von unangenehmen zu angenehmen, beruhigenden Inhalten.

<u>Dauer</u>: ca. 5-10 Minuten

1. Vorbereitung:

- Finden Sie einen ruhigen Platz. Nehmen Sie auf einem Stuhl Platz, mit festem Stand der Füße auf dem Boden und den Händen ruhend auf den Oberschenkeln.

- Schließen Sie Ihre Augen und konzentrieren Sie sich auf einen tiefen und ruhigen Atemrhythmus.

2. Identifizieren von negativem Denken:

- Rufen Sie sich einen belastenden Gedanken oder eine stressige Situation ins Bewusstsein. Visualisieren Sie sie als Szene in einem inneren Film.

3. Szenenwechsel einleiten:

- Stellen Sie sich vor, Sie halten eine Fernbedienung. Betätigen Sie die "Stopp"-Taste, um die belastende Szene anzuhalten.

- Drücken Sie "Play" und ersetzen Sie das negative Bild durch eine angenehme und beruhigende Szenerie.

(Das könnte ein idyllischer Strand, ein friedlicher Wald oder ein anderer beruhigender Ort sein).

4. Eintauchen in die neue Szene:

- Fokussieren Sie sich vollständig auf die Details der angenehmen Szene. Visualisieren Sie die Farben, Geräusche und Gefühle, die mit diesem Ort verbunden sind.

- Integrieren Sie interaktive Elemente in Ihre Vorstellung. Bewegen Sie sich in dieser neuen Szenerie, spüren Sie die Umgebung und interagieren Sie mit ihr.

5. Rückkehr zur Realität:

- Nachdem Sie ausreichend Zeit in Ihrer positiven Szene verbracht haben, leiten Sie eine sanfte Rückkehr in die Realität ein. Zentrieren Sie Ihre Aufmerksamkeit zunächst auf Ihre Atmung, dann auf die Umgebungsgeräusche und letztlich auf die physische Präsenz Ihres Körpers.

- Öffnen Sie die Augen langsam und kommen Sie in Ihrem eigenen Tempo zurück in den gegenwärtigen Moment.

Bewahren Sie die erzeugte Ruhe und Positivität. Sie können diese Technik jederzeit anwenden, um belastende Gedanken zu durchbrechen und sich mental in einen positiveren und beruhigenderen Zustand zu versetzen.

Übung "Fluss des Bewusstseins"

Diese Technik, häufig in der Meditation und im kreativen Schreiben verwendet, zielt darauf ab, den Geist von den Fesseln des rationalen und strukturierten Denkens zu befreien und den Gedanken und Gefühlen freien Lauf zu lassen. Das Hauptziel besteht darin, ein vertieftes Bewusstsein für die eigene innere Welt zu entwickeln und Gedanken sowie Gefühle ohne Urteil zu akzeptieren.

<u>Dauer</u>: ca. 10-15 Minuten

1. Vorbereitung:

- Finden Sie einen ruhigen, ungestörten Ort.

- Halten Sie ein Notizbuch und einen Stift bereit.

- Schließen Sie Ihre Augen, atmen Sie einige Male tief durch und fokussieren Sie sich auf den gegenwärtigen Moment.

2. Beginn des Schreibens:

- Beginnen Sie ohne Vorüberlegungen mit dem Schreiben. Notieren Sie alles, was Ihnen in den Sinn kommt, ohne auf Grammatik oder Rechtschreibung zu achten.

- Lassen Sie Ihre Gedanken frei fließen.

3. Urteil loslassen:

- Es kann passieren, dass Sie beim Schreiben den Impuls verspüren, bestimmte Gedanken zu beurteilen oder zu zensieren. Erkennen Sie diese Momente und lassen Sie das Urteil los.

- Akzeptieren Sie jeden Gedanken, der auftaucht.

4. Tiefe Exploration:

- Wenn intensive Gedanken oder Gefühle auftreten, erforschen Sie diese. Schreiben Sie so detailliert wie möglich darüber und versuchen Sie, ihre Ursprünge und Ihre damit verbundenen Gefühle zu erkennen.

5. Abschluss der Übung:

- Nach etwa 20-30 Minuten oder wenn Sie das Gefühl haben, Ihren "Fluss des Bewusstseins" ausreichend erkundet zu haben, bereiten Sie sich darauf vor, die Übung abzuschließen. Reflektieren Sie kurz, was Sie niedergeschrieben haben und wie Sie sich jetzt fühlen.

- Schließen Sie das Notizbuch und nehmen Sie sich einen Moment, um sich für Ihre Offenheit und Ihr Engagement in dieser Übung zu danken.

Diese "Fluss des Bewusstseins"-Übung kann ein mächtiges Werkzeug zur Selbstreflexion und -erkundung sein. Mit regelmäßiger Anwendung kann sie helfen, versteckte Gedanken und Emotionen ans Licht zu bringen und ein tieferes Verständnis für die unbewussten Muster zu entwickeln, die Ihr tägliches Leben beeinflussen. Dieses Bewusstsein ist der erste Schritt, um tiefgreifende persönliche Veränderungen herbeizuführen.

Die "Gedankenglas"-Technik

Diese Technik ist ein effektives Mittel, um sich von negativen Gedanken und Sorgen zu befreien. Sie ermöglicht die Visualisierung des Loslassens und hilft, einen klareren und geordneteren mentalen Raum zu schaffen.

<u>Dauer</u>: 10-15Minuten.

1. Vorbereitung:

- Wählen Sie ein Glas oder eine Schachtel aus, die Sie ansprechend finden. Dies kann ein Gegenstand sein, den Sie bereits besitzen, oder ein speziell für diese Übung ausgewählter und gestalteter Gegenstand.

- Legen Sie einige Blätter Papier und einen Stift bereit.

- Finden Sie einen ruhigen, ungestörten Ort.

2. Erkennung von Gedanken:

- Schließen Sie die Augen und konzentrieren Sie sich auf Ihre Gedanken.

- Beachten Sie jeden Gedanken, der auftaucht, besonders die, die sich invasiv oder störend anfühlen.

3. Übertragung von Gedanken:

- Nehmen Sie ein Blatt Papier und schreiben Sie einen belastenden Gedanken darauf. Vermeiden Sie während dieses Prozesses Urteile oder Analysen, lassen Sie den Gedanken einfach auf das Papier fließen.

- Falten Sie das Papier zusammen und legen Sie es in das Glas.

4. Visualisierung:

- Stellen Sie sich mit jedem in das Glas gelegten Gedanken vor, dass Sie von diesem Gedanken befreit werden. Visualisieren Sie, wie der Gedanke im Glas eingeschlossen und von Ihnen getrennt ist.

5. Wiederholung:

- Wiederholen Sie diesen Prozess für jeden weiteren störenden Gedanken, den Sie loslassen möchten, bis Sie eine geistige Entlastung spüren.

6. Abschluss der Übung:

- Wenn alle belastenden Gedanken im Glas sind, schließen Sie es fest.

- Atmen Sie tief durch und spüren Sie das neu gewonnene Gefühl der geistigen Klarheit und Freiheit.

- Sie können das Glas an einem besonderen Ort aufbewahren oder die Zettel entsorgen, um symbolisch die endgültige Freisetzung der Gedanken zu repräsentieren.

7. Folgeanwendungen:

- Greifen Sie bei Bedarf erneut auf das Gedankenglas zurück. Diese Technik wird mit jeder Anwendung intuitiver, stärkt Ihre Fähigkeit zur mentalen Klärung und hilft, den Geist von unerwünschten Gedanken und Sorgen zu befreien.

Mit dieser Technik können Sie nicht nur negative Gedanken erkennen, sondern auch aktiv loslassen und einen Zustand mentaler Ruhe und Klarheit fördern.

Die "5-4-3-2-1"-Übung

Diese Erdungstechnik bringt Sie zurück ins „Hier und Jetzt" und minimiert übermäßiges Grübeln, Ängste und obsessive Gedanken. Sie ist besonders hilfreich, wenn Sie sich überwältigt oder entfremdet fühlen.

Dauer: 5-10 Minuten

1. Obwohl diese Übung überall durchgeführt werden kann, beginnen Sie am besten an einem Ort, wo Sie.

2. Nehmen Sie sich einen Moment Zeit für ein paar tiefe Atemzüge. Atmen Sie langsam und bewusst ein und aus.

3. Betrachten Sie Ihre Umgebung und identifizieren Sie gedanklich fünf Objekte, die Sie sehen können. Achten Sie auf Details, Farben und Formen und lassen Sie Ihren Blick auf jedem Objekt verweilen.

4. Identifizieren Sie vier Dinge, die Sie körperlich spüren können – etwa die Textur Ihres Kleidungsstücks oder die Frische der Luft auf Ihrer Haut.

5. Schließen Sie die Augen und hören Sie auf drei unterschiedliche Geräusche in Ihrer Umgebung. Versuchen Sie, die Quelle und die Richtung jedes Geräusches zu identifizieren.

6. Richten Sie Ihre Aufmerksamkeit auf zwei verschiedene Gerüche, die Sie wahrnehmen können. Versuchen Sie, jeden Geruch zu identifizieren und seine Eigenschaften zu beschreiben.

7. Fokussieren Sie sich auf einen Geschmack, den Sie in diesem Moment in Ihrem Mund spüren können. Analysieren Sie die Empfindungen und Eigenschaften dieses Geschmacks.

8. Lenken Sie Ihre Aufmerksamkeit zurück auf Ihre Atmung. Nehmen Sie ein paar tiefe Atemzüge und fühlen Sie, wie sich Ihr Körper und Geist beruhigen.

Diese „5-4-3-2-1"-Technik ist ein effektives Mittel, um sich mit der unmittelbaren Umgebung zu verbinden und den Zyklus wiederkehrender, störender Gedanken zu unterbrechen. Wenden Sie diese Methode an, wenn Sie das Bedürfnis nach einer mentalen Beruhigung und Zentrierung verspüren, und erleben Sie eine sofortige Wiederherstellung der Ruhe und Präsenz.

Die "Stop"-Technik

Die "Stop"-Technik ist ein schnelles und effektives Werkzeug zur Unterbrechung negativer Gedankenspiralen und destruktiver Verhaltensmuster. Sie fungiert als mentaler „Schalter ", der die Gedanken in den gegenwärtigen Moment zurückbringt und eine Umorientierung zu positiveren Denkweisen ermöglicht.

<u>Dauer</u>: 1-2 Minuten

1. Achten Sie darauf, wenn Sie in einen Strudel negativer Gedanken oder ungewollter Verhaltensmuster geraten. Es kann etwas Übung erfordern, diese Muster frühzeitig zu erkennen.

2. Sobald Sie das unerwünschte Muster identifizieren, sagen Sie im Geiste deutlich „STOPP!".

(Bei Bedarf kann es auch hilfreich sein, das „STOPP!" laut auszusprechen, wenn Sie allein sind, um die Wirkung zu verstärken).

3. Nach dem „STOPP"-Befehl, atmen Sie tief ein und lassen Sie den Atem langsam wieder heraus. Dies hilft, Körper und Geist zu beruhigen und das negative Muster zu unterbrechen.

4. Lenken Sie Ihre Gedanken in eine positive oder neutrale Richtung. Denken Sie an eine angenehme Aktivität, ein positives Bild oder erinnern Sie sich an ein erfreuliches Erlebnis. Dies dient dazu, das negative Muster durch eine positive Gedankenrichtung zu ersetzen.

5. Nehmen Sie sich einen Moment, um die Auslöser für die negative Spirale zu reflektieren. Dies fördert das Bewusstsein für Ihre mentalen Trigger und hilft Ihnen, in Zukunft besser damit umzugehen.

6. Schließen Sie die Übung mit einem Moment der Anerkennung und des Dankes für Ihre Bemühungen ab. Loben Sie sich für Ihre proaktive Herangehensweise zur Verbesserung Ihres mentalen Wohlbefindens.

Die "Stop"-Technik wird durch wiederholte Anwendung effektiver. Mit der Zeit wird die Identifizierung und Unterbrechung negativer Gedankenspiralen intuitiver und Sie werden fähiger, Ihre Gedanken schnell auf positive Bahnen zu lenken.

Ihr exklusives Geschenk erwartet Sie!

Glückwunsch! Sie sind am Ende dieses transformierenden Reiseführers angelangt und haben einen Schatz an wertvollen Informationen und Strategien gesammelt, um das Überdenken zu überwinden und ein erfülltes, sorgenfreies Leben zu führen.

Aber **warten Sie, es gibt mehr!**

Als Zeichen unserer **Wertschätzung** für Ihre Reise zur Selbstentdeckung und geistigen Klarheit, möchten wir Ihnen ein exklusives Geschenk anbieten - das **kostenlose Bonus-Hörbuch** zu „10 Wege, um nicht mehr zu viel zu denken".

So erhalten Sie Ihr Bonus-Hörbuch:

1. **Scannen Sie den QR-Code** unten mit der Kamera Ihres Smartphones oder einer QR-Code-Scanner-App.

2. Sie werden direkt zu der **exklusiven Download-Seite** geleitet.

3. Folgen Sie den einfachen Anweisungen, um Ihr **Hörbuch herunterzuladen.**

4. Genießen Sie die **Freiheit und Flexibilität**, die lebensverändernden Einblicke dieses Buches zu jeder Zeit und an jedem Ort zu erleben!

Dieses Hörbuch ist eine **mächtige Ressource**, perfekt für die Reise, beim Entspannen zu Hause, oder während eines ruhigen Spaziergangs. Es ist speziell darauf ausgerichtet, Ihnen zu helfen, die Konzepte und Techniken, die Sie gelernt haben, zu vertiefen und zu integrieren, um so ein **Leben der Ruhe und des geistigen Friedens** zu erschaffen.

Vielen Dank, dass Sie sich für diese Reise entschieden haben. Wir sind überzeugt, dass die Entdeckungen und Erfahrungen, die vor Ihnen liegen, **transformierend und bereichernd** sein werden.